「よくする介護」を実践するためのICFの理解と活用

目標指向的介護に立って

大川 弥生 [著]

中央法規

はじめに

利用者のためになる介護の実践と介護の専門性の確立のために

　介護とは「"不自由なこと"を"手伝う"」だけでなく、「よくする」ことができるものです。「よくする」とは、利用者という「人」の「生きる」こと、すなわち、「生活機能」をよくすることです。9年前（2000年）に、私は『目標指向的介護の理論と実際』を書き、その中で介護には「よい介護」と「悪い介護」があることを指摘し、「よくする介護」としての「目標指向的介護」について述べました。本書はその後の臨床と研究をもとに、それをさらに綿密化したものです。

　この間に「目標指向的介護」についていっそう明確になったことは、ICF（WHO・国際生活機能分類）に立って、生活機能モデルに基づいて問題を把握し、そして、その人ならではの個別的な目標を設定し、それに立ってプログラムを進めていくことでした。

　なぜ介護職になろうとしたのか、それは「介護を必要とする人のためになろうとしたから」とおっしゃる方が多いと思います。「介護を必要とする人」のとらえ方、そして「ためになる」ということを、専門的にとらえるためにICFは役立ちます。それによって、その最初の志を一人ひとりの患者・利用者で実現することができるのです。

　私は、ICFというツールを使うことで介護の質を高め、患者・利用者中心のチームワークを発展させることによって、「介護」の専門性が周囲からより広く・高く認知されることを望んでいます。そして、何よりも介護を必要とする当事者の方々のよりよい人生を創ることができること、さらにそれを当事者と一緒に創る専門職としてのやりがいを介護職の方々に感じていただけることを期待しています。

　なお本書は、目標指向的介護自体だけでなく、ICF自体の理解にもお役に立てるものと思います。また、医療や福祉などのさまざまな分野でもお役に立つものと思います。

2009年6月　　　　　　　　　　　　　　　　　　　　　　　　大川　弥生

「よくする介護」を実践するためのICFの理解と活用
―目標指向的介護に立って

序章　介護におけるICFの重要性　　7
―よくする介護と専門性確立のために

1. ICFは"「生きることの全体像」についての「共通言語」"　　8
2. ICFの基本：「生活機能」と「生活機能モデル」　　9
3. 介護は「している活動」に働きかける専門職　　10
4. 「助けるだけの介護」から「よくする介護」へ　　12
5. 「よくする介護」の実現のためのツールとしてのICF　　12
6. ICFに立ったアセスメント―「よくする介護」の実践のために　　14
7. 「目標指向的介護」―ICFに立つ「よくする介護」　　14

第1章　ICFの基本的特徴　　17

1. 「生活機能」と「生活機能モデル」　　18
2. 「生活機能」の3つのレベル　　19
3. 生活機能に影響する因子―「健康状態」・「背景因子」　　22
4. 障害　　26
5. WHO－FIC（国際分類ファミリー）―中心分類としてのICFとICD　　27
6. ICIDHからICFへ　　29
7. 「共通言語」とは　　32

第2章　「活動」とは　　35

1. 普通は無意識にしている「活動」：「活動制限」には専門的知識と技術が必要　　36
2. 活動は全ての生活行為　　37
3. 「実行状況（している活動）」と「能力（できる活動）」　　37
4. 「している活動」と「できる活動」の差　　39
5. 活動の「レパートリー」と「バラエティ」　　41
6. 「自立」のとらえ方：限定的自立と普遍的自立　　43

CONTENTS

- **7** 活動の「量」と「生活の活発さ」 ………………………………… 45
- **8** 活動の詳細な把握 ………………………………………………… 46
- **9** 「活動」と「心身機能」「参加」との関係 ……………………… 47
- **10** 「している活動」の意義 ………………………………………… 50

第3章 生活機能の3レベル間の相対的独立性
― 「よくする介護」の根拠　　55

- **1** 3つの生活機能レベルの関係 …………………………………… 56
- **2** 相互依存性（2種類） …………………………………………… 57
- **3** 相対的独立性 ……………………………………………………… 59
- **4** 生活機能低下の因果関係と解決の突破口は別 ………………… 60

第4章 ICFの視点に立った介護のあり方
― 「よくする介護」の考え方と進め方　　65

- **1** 「助けるだけの介護」から「よくする介護へ」―最良の介護とは …… 66
- **2** ICFに立った「目標指向的介護」 ……………………………… 68
- **3** 「活動」の目標：レパートリー、バラエティ、量 …………… 69
- **4** 生活機能モデルで見た介護サービス …………………………… 75

第5章 ICFに立ったアセスメント
― 「よくする介護」を行うために　　79

- **1** アセスメントの目的：目標・プログラム設定 ………………… 80
- **2** 「よくする」の観点からのアセスメント ……………………… 82
- **3** 「活動」のアセスメントのポイント …………………………… 82
- **4** 「活動」の他の生活機能レベルとの相互関係・相互作用の重視 …… 85
- **5** 環境因子の活用：補完ではなく ………………………………… 86
- **6** 「活動」向上に向けたアセスメントの際の具体的な心得 …… 87
- **7** 「介護の効果」を生活機能モデルで整理 ……………………… 88

第6章 活動向上に向けた「よくする介護」の進め方　91

1. 「活動」レベルへの直接的な働きかけで「活動」を向上 …………92
2. 活動の目標：「する活動」…………93
3. 活動向上の進め方…………94
4. 物的介護手段：歩行補助具を例に …………98
5. 「している活動」から決める：介護からの積極的な意見を …………101
6. 施設の設備は実社会に則して：広い訓練室から病棟・居室棟重視へ ……103

第7章 「目標」の大切さ　107

1. 目標の重要性：「共通言語」…………108
2. 目標は個別的・個性的なもの …………109
3. 目標指向的アプローチ …………114
4. 目標設定の4つのステップ …………116
5. 「共通言語」に立った自己決定権の尊重 …………120

第8章 生活不活発病（廃用症候群）と生活機能低下の悪循環　123

1. 原因は「生活の不活発さ」…………124
2. 生活不活発病とは …………125
3. 生活不活発病発生の3タイプ …………128
4. 生活機能低下の悪循環…………129
5. 生活不活発病予防・改善のポイント …………131

C·O·N·T·E·N·T·S

コラム

- コラム① 介護における"分析に立った総合"の重要性／20
- コラム② よくする介護—介護の質（技術）による大きな差／24
- コラム③ 環境因子：「阻害因子」と「促進因子」／25
- コラム④ WHOの「健康」の定義とICF／28
- コラム⑤ ICF－CY（ICF児童版）／31
- コラム⑥ ICF（国際生活機能分類）という名称／33
- コラム⑦ 各項目ごとの「している活動」と「できる活動」／38
- コラム⑧ 「活動」の理解：車の運転にたとえてみれば／53
- コラム⑨ 「介護は手伝うもの」と思われるワケ—「介護はよくすることができない」か？／60
- コラム⑩ 生活機能の階層構造：最も上位は「参加」／63
- コラム⑪ 介護を必要とする人の現状維持は難しい—「現状打破」を／74
- コラム⑫ 一般医療との連携の重視／76
- コラム⑬ 「手助け」の意味／77
- コラム⑭ 「活動」の評価点基準／85
- コラム⑮ リハビリテーション：「できる活動」へ働きかけるパートナーとして／97
- コラム⑯ 「歩行」と目的行為は一連のもの／100
- コラム⑰ シルバーカーで外出が可能に／103
- コラム⑱ 車いす用設備がバリア？／104
- コラム⑲ 装具で歩行も立位も可能に／105
- コラム⑳ 廃用症候群から"生活不活発病"へ—利用者にわかりやすく／126
- コラム㉑ 「つくられた歩行不能」を防ぐ／129
- コラム㉒ 介護予防としての「よくする介護」—「水際作戦」の技術としても／133
- コラム㉓ 「脳卒中モデル」と「廃用症候群モデル」／134

序章

介護におけるICFの重要性
―よくする介護と専門性確立のために

1 ICFは"「生きることの全体像」についての「共通言語」"
2 ICFの基本:「生活機能」と「生活機能モデル」
3 介護は「している活動」に働きかける専門職
4 「助けるだけの介護」から「よくする介護」へ
5 「よくする介護」の実現のためのツールとしてのICF
6 ICFに立ったアセスメント
    ―「よくする介護」の実践のために
7 「目標指向的介護」:ICFに立つ「よくする介護」

　ICFを一言でいえば、"「生きることの全体像」についての「共通言語」"です。
　介護におけるICFの意義は、"「している活動」の専門家"としての介護の専門性を明確にし、「よくする介護」のあり方を示したことです。
　本章では、この本の全体像を示します。

1 ICFは"「生きることの全体像」についての「共通言語」"

注1▶ICF：WHOが2001年に決定したものです。
ICFとは"International Classification of Functioning, Disability and Health"の略で、そのまま訳せば「国際生活機能・障害・健康分類」となりますが、日本語訳では「国際生活機能分類」とされました。
ICFは、病気の分類であるICD（国際疾病分類）とともにWHOの国際分類ファミリー（WHO－FIC）の中心分類として位置づけられています。これは、「健康」の新しい側面を示すものといえます。
➡第1章6ICIDHからICFへ参照

ICF（国際生活機能分類）注1は、「分類」という名称のために、分類リストにあてはめて整理するためだけのものと考えられやすいようですが、それは根本的な誤解です。

実は「生活機能モデル」に立って、利用者の"「生きること」を総合的に見る「共通言語」（共通のものの見方・とらえ方）"であり、「よりよく生きていく」ために働きかけていくツール（道具）なのです。

1 「生きることの全体像」

この「生活機能モデル」は、「生きる」上での問題・困難をもつ個々の人をどうとらえ、どう働きかけるかについての、基本的な考え方・とらえ方の枠組みを与えてくれるものです。

介護は、一人ひとりの人間を対象とし、その人が生きることを支援し、援助するものです。そのためには、その利用者の「生きることの全体像」をとらえることが不可欠です。そうでないと「生きる」ことのごく一部への働きかけになり、よかれと思ってしたことが、全体としてはそれほど効果を上げなかったり、かえってマイナスになったりすることすらあるからです。

2 「共通言語」

介護が利用者にとって最良の支援となるためには、「生きることの全体像」という観点に立った「共通言語」をもつことが大事です。

支援し援助するのは介護職だけではなく、他の職種やサービスがあります。利用者に関わっているそれらのさまざまな職種との連携と、認識と目標の共有という、真のチームワークを実現するためには「共通言語」が必要です。

また、さらに専門家の間だけではなく「共通言語」は利用者と専門家の間でも必要です。

これは、利用者の人間としての尊厳と自己決定権を尊重するためです。

➡第1章参照

2 ICFの基本：「生活機能」と「生活機能モデル」

ICFの最も基本となる概念は、「生活機能」と「生活機能モデル」です。

1 生活機能

まず「生活機能」(functioning)とは人が「生きる」ことの3つのレベルである「心身機能・構造」、「活動」、「参加」を一つにまとめた包括概念です。なお、生活機能に問題を生じた状態を「障害」といいます注2。

○第1章参照

2 生活機能モデル

「生活機能モデル」とは、3つのレベルの間の関係とそれらに影響する3つの因子との関係を示したもので、これが人が「生きることの全体像」を示します。

図1にICFの生活機能モデルを示しています。縦方向の中央に位置する、横に3つ並んでいる3レベル、「心身機能・構造」「活動」「参加」の全体を包括した概念が「生活機能」です。

注2 ▶ 障害：生活機能に問題が生じた状態、いわば生活機能のマイナス面（不自由なこと、問題・制限・制約があること）を「障害」(disability)といい、それにも「機能障害（構造障害を含む）」、「活動制限」、「参加制約」の3つのレベルがあります。

「生活機能」の場合と同様に、「障害」も3つのレベルからなるとともに、3つが1つの包括概念のもとにまとめられているのです。○第1章4障害参照

図1 「ICF：国際生活機能分類」（WHO：2001）モデル

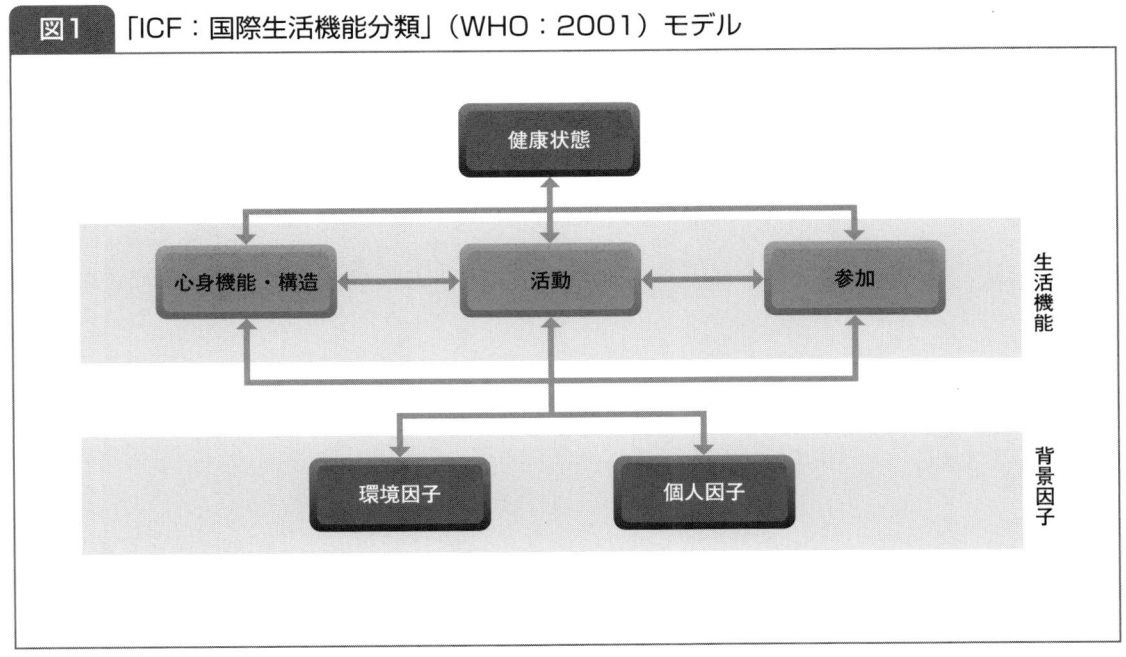

さらに、それに影響する「因子」として3つの因子（健康状態、環境因子、個人因子）があります。この3レベルと3因子とが生活機能モデルの6つの「要素」です。

➔第1章参照

3 相互依存性と相対的独立性

次に、それらの要素の間が双方向の矢印で結ばれていることが大事です。これは、この矢印で結ばれているものの間には、互いに影響を与え合う関係（「相互依存性」）があるということです[注3]。

しかし同時に、全てが他の要素からの影響だけで決まってしまうのではなく、各要素はそれぞれ「相対的独立性」をもっているということも大事です。各要素が別々に示されているのにはそういう意味もあります。これは介護で、「健康状態」や「心身機能・構造」が必ずしもよくならなくても、「活動」をよくし、生活機能全体をよくすることができることの大きな根拠となります。

➔第3章参照

4 分析に立った総合

「生活機能モデル」に立って「全体像」をとらえるということは、まず人が「生きること」に関係するものを6つの要素に分けてとらえ、次に要素間の関係について生活機能を中心に具体的にとらえ、そしてそれを総合することです。こうしてはじめて「生きることの全体像」が把握できるのです。これが「分析に立った総合」です。

人が「生きる」ことは複雑多様なので、全体を直感的にとらえたつもりでも実は偏ったものになります。最低限このような段階を踏むことが必要であり、ICFはそのための不可欠なツールなのです。

➔第5章参照

注3▶「生活機能低下の悪循環」：「健康状態」、「心身機能」以外から生活機能が低下を生じる等、この相互依存性を考えるのにとてもよい例です。
➔第8章参照

3 介護は「している活動」に働きかける専門職

ICFでは「活動」（生活行為）を「している活動」（実行状況）と「できる活動」（能力）に区別します。これによって、介護職は"「している活動」に働きかける専門職"であることが明確になりました。

すなわち、「している活動」の専門家として、「している活動」のもつ意義を常に考えながら、「活動」の見方のエキスパートになる必要があります。

以下に、「活動」の見方のポイントを示します。　　●第2章参照

(1)「している活動」と「できる活動」との区別

「活動」の「している活動」（実行状況）と「できる活動」（能力）の両者を明確に区別することが大事です。そして、その両者の差に注目することが、「活動」への働きかけの多くの手がかりを教えてくれます。

(2)「活動」は「参加」の具体像

一つの「参加」は、複数の生活行為（「活動」）の具体的なやり方からなるものです。

(3) 活動の「レパートリー」と「バラエティ」

「活動」は全ての生活行為を含むものであり、「レパートリー」（さまざまな「活動」の種類）と「バラエティ」（同じ「活動」項目の行い方の多種多様性）の両面からとらえ、その両面を増やしていくことが重要です。

これは、セルフケアが自立したらその他のレパートリーに拡大していくとか、あるバラエティが自立したら次のバラエティに進むという画一的なものではありません。利用者一人ひとりにとって大事な「参加」の状況は異なるのであり、その具体像として必要な「活動」のレパートリーやバラエティは一人ひとりで異なるのです。それが個別性を重視するということです。

(4)「自立」のとらえ方：「限定的自立」と「普遍的自立」

ある「活動」の項目がどれだけ本人の判断や力で行っているかを示すものが「自立度」ですが、自立に「普遍的自立」と「限定的自立」という2つのものを区別することが重要です。

「限定的自立」とはある環境では自立していても、他では自立していないような場合です。そうであれば限られた場所にしか行けず、それによって社会的な活動範囲は狭くなります（「参加制約」）。

さまざまな環境（物的環境だけでなく、冠婚葬祭などの社会的な環境も含めて）ででも自立して行えること（「普遍的自立」）を目指す必要があります。

また、これはある限定的環境でのみの介護の必要性・やり方だけでなく、さまざまな環境での介護の必要性・やり方にも考慮する必要があるということです。

4 「助けるだけの介護」から「よくする介護」へ

　介護は、これまでの「助けるだけの介護（補完的介護）」から「よくする介護」への転換が求められています。

　介護によって不自由な生活行為（「活動」）を手伝うだけでなく、生活行為（「活動」）そのものをよくすることもでき、また社会や家庭での役割や楽しみ（「参加」）も向上させ、「生活機能」全体の向上を実現できるのです。すなわち、現時点の状態だけでなく、将来のよりよい生活機能の状態（目標）も考えて、その実現に向けて介護を行います。これが介護の専門的技術ですが、残念ながらこれまでこの力が十分には発揮されなかったといえます。

　「よくする介護」という言葉だけですと、ムード的・スローガン的になりがちですが、理論的にいえば、その人ならではのよりよい生活機能の実現に向けた目標とプログラムを設定し、介護を行っていく「目標指向的介護」です。これは、ICFを介護現場でどう生かすかという臨床実践にほかなりません。　　　　　　　⇨第4〜6章参照

　その際大事なのは、ICFに立って、介護の対象を生活上の不自由ではなく「人」全体であるとして生活機能モデルに基づいて把握し、そして、その人ならではの個別的目標設定とプログラムを進めていくことです。　　　　　　　　　　　　　　　　　　⇨第5・7章参照

　なお、「よくする介護」が可能となる根拠としては、"「活動」の「心身機能」に対する相対的独立性"が重要です。これを認識することが大事です。　　　　　　　　　　　　　　　　⇨第3章参照

5 「よくする介護」の実現のためのツールとしてのICF

　ここで、なぜ最良の介護を進めるためにICFは効果的なツールなのかを考えてみましょう。

　それは、次のような理由からです。

1 ｜ 介護の対象は「人」

　介護の対象は「活動」の不自由をもっている一人の「人」です。不自由な生活行為（活動制限）だけでなく、「人」として見るために

「人が生きることの全体像」である「生活機能モデル」として見ることが効果的です。そして、その「人」の「活動」への働きかけが、現在および将来の生活機能にどのような意義をもつかを見ます。

⇒第4章参照

2 目標設定のために

将来のよりよい人生を送ってもらうために、現時点の状態だけでなく、将来のよりよい状態の具体像である「目標」設定とそれに到達するまでのプロセスを、専門家と本人と一緒に決めていくには"「人が生きることの全体像」についての「共通言語」"であるICFを活用することが効果的です。

⇒第7章参照

3 「している活動」の意義の理解のために

介護は「している活動」を直接的なターゲットとしますが、これは目の前の不自由なことをただ助ければよいのではありません。

「している活動」は生活機能モデルとして整理していくと、目の前の不自由さだけでなく、参加の具体像など実はさまざまな意義をもっています。「よくする介護」ではこのような意義を十分に生かしながら、活動レベルの「目標」を設定し、それに向かって「している活動」への働きかけをします。

⇒第2章参照

4 介護を必要とする人をめぐる世の中の流れ

次の2つの、世の中の大きな流れがあります。この流れは「共通言語」を求めているといえます。

①利用者中心

介護において、利用者の尊厳と自己決定権の重視が強調されています。ICFは当事者中心の、専門家と当事者との「共通言語」として、相互理解と連携、そして専門家が当事者の自己決定を支えるための重要なツールです。

②多職種によるチームワーク

一人の介護を要する人に対してさまざまな専門職やサービスが関与するようになり、その「人」の状態について共通の認識や目標をもつために、「共通言語」であるICFが大きな力を発揮するようになりました。

⇒第4章参照

6 ICFに立ったアセスメント ―「よくする介護」の実践のために

　介護の出発点は、個々の利用者を全人間的に理解・把握することであり、それがアセスメントです。アセスメントはそれ自体が目的なのではなく、目標の設定、そして目標の実現という「よくする介護」の実践のための出発点です。「よくするための突破口を見つける」ことなのです。

　しかし、これは複雑な過程です。そのため、ときには見たり考えたりする範囲を自分の得意な面や興味ある面にだけ限るという、単純化の誘惑にかられがちになります。しかし、それでは介護本来の目的が達せられないだけでなく、逆効果になることさえ稀ではありません。

　そのときに役立つ有力なツール（道具）がICFです。その「生活機能モデル」に立つことで、このように複雑なものを整理して、「生きることの全体像」をとらえることが可能になるのです。

　また、介護すること自体が「活動」のアセスメントです。「もっとよくできないかな？」「よくするヒントはないかな？」と常に考えながら介護することが「よくする介護」の出発点としてのアセスメントとして大事です。　　　　　　　　　　　　　　　　　●第5章参照

7 「目標指向的介護」 ―ICFに立つ「よくする介護」

　「よくする介護」は、補完的介護（本人ができないことをしてあげる、助けるだけの介護）とは異なるのものです。

　「よくする介護」である「目標指向的介護」は、「最良の介護」とはどうあるべきかを、臨床実践とICFに立った理論的考察とを重ねながら追求した結果、到達したものです。　　　　　　　●第4章参照

　そのポイントを以下に示します。

（1）よくする介護の対象は「生活機能低下（障害）のある人」

（2）目的は生活機能向上

　目の前の問題点への対応を最優先するのではありません。

（3）目標設定が重要

　目標とは、一人ひとりについて、その人ならではの個別的・個性的で具体的なものです。また、目標を達成するまでの具体的な道筋（プ

ログラム)を含みます。特に「活動」「参加」の向上を重視し、「参加」の具体像として「活動」を位置づけます。

　「活動」と「参加」の目標を予後予測に基づいて設定し、それに向けて活動向上のプログラムを進めていく基本的な態度・進め方を「目標指向的アプローチ」といいます。　　　　　　　　　　○第7章参照

(4) よくする観点から「している活動」に働きかける

　「している活動」の意義を重視し、「している活動」向上の技術を深めることが大事です。

　「する活動」(「活動」項目ごとの目標)を定めて、それに向けて「している活動」と「できる活動」を関連させて向上させていきます。
　　　　　　　　　　　　　　　　　　　　　　　○第6章参照

　また、介護自体がアセスメントでもあり、「活動」向上に向けた手がかりを見つけるアセスメントをしていきます。　○第5章参照

(5) よくする専門的技術はプラスを引き出すこと

　残存機能だけでなく、「潜在的生活機能」の発見・開発が重要です。

(6) 「生活不活発病」・「生活機能低下の悪循環」予防・改善の重視

　生活不活発病(廃用症候群)の予防・改善はわが国の介護における重大な課題です。また、生活不活発病から生じてくる「生活機能低下の悪循環」の予防・改善も介護のプログラムを組む上で常に考えておく必要があります。　　　　　　　　　　　　　　○第8章参照

(7) 真のチームワークとして働きかけること

　介護職だけでなくチーム全体としての英知を集めて、目標・プログラムをつくり、役割分担をします。そのために「共通言語」としてのICFは効果的です。　　　　　　　　　　　　　　　○第7章参照

(8) 利用者・家族との「インフォームド・コオペレーション」

　ICFを「共通言語」として活用することで、利用者の自己決定権を尊重し、尊厳を重視し、それを専門家の専門性で支援する、という「インフォームド・コオペレーション」(情報共有に立った協力関係)を確立することができます。このようにして目標設定とプログラムを進めます。　　　　　　　　　　　　　　　　　　○第7章参照

第1章

ICFの基本的特徴

1 「生活機能」と「生活機能モデル」
2 「生活機能」の3つのレベル
3 生活機能に影響する因子──「健康状態」・「背景因子」
4 障害
5 WHO−FIC（国際分類ファミリー）
　──中心分類としてのICFとICD
6 ICIDHからICFへ
7 「共通言語」とは

　ICFの最も基本となる概念が「生活機能」と「生活機能モデル」です。
　介護は、生活機能モデルの中で「環境因子」に位置づけられます。介護はそのプログラム・仕方によって阻害因子にもなり得ます。「促進因子」として機能することが「よくする介護」です。

1 「生活機能」と「生活機能モデル」

1 生活機能とは

生活機能とは、英語のfunctioningの訳です。「生活機能」という日本語訳と同様に、この英語の単語も新しい内容を示すためにICFにおいて新たに作られたものです。これは「心身機能・構造」、「活動」、「参加」という3つのレベルからなる「包括概念」です。

2 生活機能モデル：人が「生きることの全体像」

序章で述べたように、「生活機能モデル」（図1）とは、生活機能の3つのレベルと、それにさまざまな影響を与える因子[注1]である「健康状態」「環境因子」「個人因子」の3つを双方向の矢印で結んだモデル図です。

つまり、3つのレベルからなる「生活機能」は、それ自体の3つのレベルの間でも影響を与え合っており、さらにさまざまな因子との間でも影響を与え合っているものだということを示す「相互作用モデル」が生活機能モデルなのです。

注1▶「因子」とは、生活機能に影響を与える「健康状態」「環境因子」「個人因子」のことを指します。「生活機能モデルの要素」とは、これらの因子と「生活機能」の3つのレベルの両方を指します。つまり、「生活機能モデル」とは3つの「レベル」と3つの「因子」（という6つの「要素」）が矢印で結ばれたものです。

図1 ICFの生活機能モデル（大川、2008※）

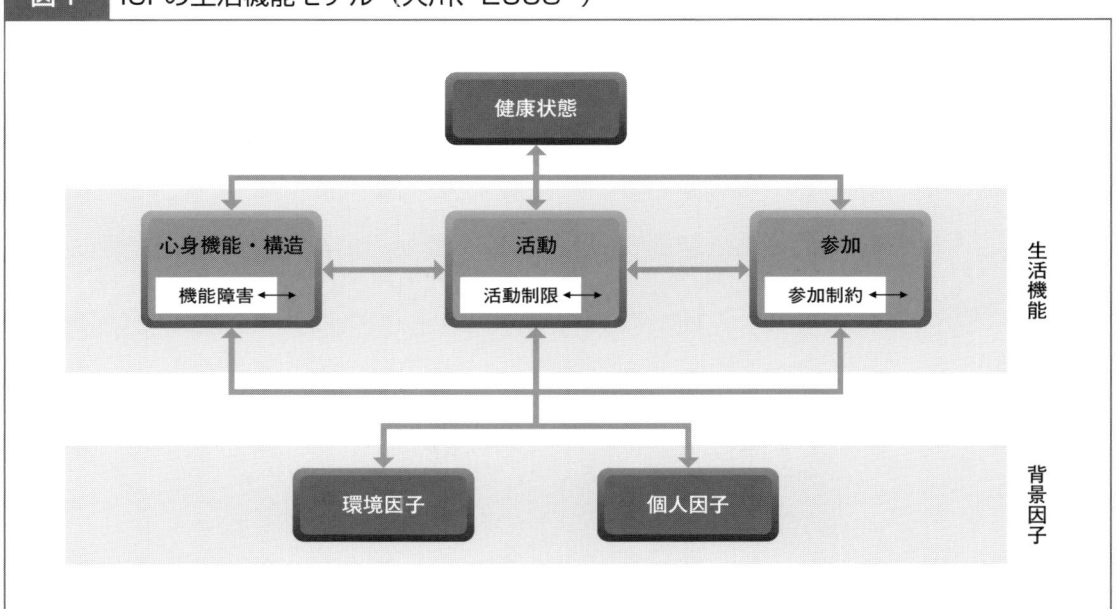

※生活機能と背景因子、さらに障害の3レベルを示すため原図に改変を加えた。

これは、人が「生きることの全体像」注2を最も簡潔に示した図です。一見すると、複雑な図だと思われるかもしれませんが、人が「生きる」ということは極めて複雑多彩なものなので、それを最大限簡潔にとらえたものなのです。

　以下、生活機能モデルの各要素について説明します。

　各要素は常に生活機能モデルの中で、他の要素との関連性を見ていくことが大事です。項目をただ羅列的に挙げるのではなく、この生活機能モデルとしての関係性をとらえることがICFらしさといえるでしょう。

2　「生活機能」の3つのレベル

　図1の中央の列に、「心身機能・構造」注3、「活動」、「参加」の3つが並んでいます。この三者のすべてを一つに含み込んだ「包括概念」が「生活機能」です。

　このように生活機能は、3つの**レベル（階層）**から成り立っています。心身機能は生物レベル、活動は個人レベル、参加は社会レベルのものです。この3つのレベルのすべてを漏れなくとらえて初めて、人が生きることを総合的に把握することができるのです（**表1**）。

表1　生活機能の各レベルの特徴

心身機能・構造	活動	参加
生物レベル	個人レベル	社会レベル
＊体の働き（手足の動き、見ること、聞くこと、話すこと、内臓の働きなど）や精神の働き、また体の一部分の構造のこと。	＊生きていくのに役立つさまざまな生活行為のこと。目的をもったひとまとまりをなした行為である。	＊社会（家庭を含む）的な出来事に関与したり、役割を果たすこと。また、楽しんだり、権利を行使したりすること。
	※日常生活活動（ADL）から家事・仕事・人との交際・趣味・スポーツなどに必要な全ての行為を含む。	※たとえば、職場での役割、主婦の役割、家族の一員としての役割、地域社会（町内会や交友関係）の中での役割、その他いろいろな社会参加の中での役割。

注2▶人が「生きることの全体像」としては、本来は人の心の中にある「主観的体験」（悩みや喜びや将来への希望、愛情など）が大事ですが、現在のICFではこれは含まれていません。ただ「個人因子」の中にこれを含めようとする動きがあり、それが実現すれば、生活機能モデルがまさに人が「生きることの全体像」を示すものとなります。

　現在の生活機能モデルでも、人が「生きることの客観的全体像」を示すものであることは確かなので、本書ではそういう意味で「全体像」という言葉を使います。

注3▶正確には「心身機能・身体構造」ですが、「心身機能・構造」や「心身機能」と略すこともあります。

介護の場合にも、このように３つのレベルに分けて分析的に見た上で全体を総合的にとらえるということ（"分析に立った総合"）が大事です。
　　　　　　　　　　　　　　　　　　　　　　→コラム１参照

また、介護の目標を設定する際も、「生活機能向上」といっただけでは単なるスローガンに過ぎません。具体的に生活機能のどのレベルの、どの項目を、どのように向上させるのかを考えることが大事なのです。

> **コラム❶**
>
> ## 介護における"分析に立った総合"の重要性
>
> 　"生活機能モデルに立って、介護のあり方を考える"とは、一人の利用者について、まず分析的に「心身機能」、「活動」、「参加」の３つのレベルに分けて具体的にその方の生活機能の現状を把握し、その上で３つのレベル相互間の関係をとらえ、さらにそれに対する３つの因子（健康状態、環境因子、個人因子）の影響を確認します。そして、最終的にそれらを総合して全体をとらえることです。
>
> 　これは"分析に立った総合"によって、人が「生きることの全体像」という複雑なことを、整理してわかりやすくとらえるということです。
>
> 　直感的に全体をとらえようとするのでもなく、自分の関心のある点だけに限って、あるいはそれを中心として見ようとするのでもない、科学的なアプローチ（対処の仕方）です。

１　心身機能・構造（生物レベル）

　生物レベルで「生きること」の側面をとらえたものが「心身機能・構造」です。

　これには、「心身機能」と「身体構造」があります。

①心身機能とは、体や精神の働きです。たとえば、手足の動き、精神の働き、視覚・聴覚、内臓の働きなどの機能です。

②身体構造とは、手足の一部、心臓の一部（弁など）などの、体の部分のことです。

2 活動（個人レベル）

個人レベルで「生きること」の側面をとらえたものが「活動」です。

生活行為、すなわち生活上の目的をもち、一連の動作からなる、具体的な行為のことです。人が生きていく中で行っている"全て"の生活行為が含まれることは、他の生活行為に関する評価法などと大きく異なる特徴です。

たとえば、ADL（日常生活活動、Activities of Daily Living）、つまり生きていくために基本的に必要な、歩いたり、顔を洗ったり、歯を磨いたり、食事をしたり、風呂に入ったり、トイレに行ったり、服を着たり脱いだり、という行為は「活動」として重要なものです。

しかし、「活動」とはそれだけではなく、あらゆる生活行為を含むものです。たとえば食事の用意をしたり、掃除をしたりするなどの家事行為、職場で事務を執る、機械を扱うなどの職業上の行為、仕事に行くために電車やバスを利用するなどの、社会生活上必要な行為がすべて含まれます。また、余暇活動（趣味やスポーツなど）に必要な行為も入ります注4。

●第2章参照

注4 ▶ 介護という行為も「活動」であり、ICFのコードでは「a660：他者への援助」です。

3 参加（社会レベル）

社会レベルで「生きること」の側面をとらえたものが「参加」です。

社会のさまざまな状況に関与し、そこで役割を果たすことです。これはよく「社会参加」と言い換えられ、そういうと一見わかりやすいようですが、それだけではありません。

「参加」とはもっと広い概念です。主婦としての家庭内役割とか、職業人としての役割、職場での管理的役割、学童や学生としての役割、あるいは趣味の会に参加する、スポーツに参加する、地域組織の中で役割を果たす、文化的・政治的・宗教的などの集まりに参加するなどの、広い範囲のものが含まれます。

3 生活機能に影響する因子
―「健康状態」・「背景因子」

　このような生活機能に影響する「因子」を生活機能モデル図（図1：18頁）で整理してみましょう。図の上部に位置する病気やけがなどの「健康状態」だけでなく、「背景因子」として図の下部に位置する「環境因子」と「個人因子」の2つがあります注5。「環境因子」は「生活機能に対し外的な影響を与えるもの」、「個人因子」は同じく「内的な影響を与えるもの」と定義されています。

　これらの影響も、生活機能低下を招くというマイナスの影響面だけから見るのではありません。生活機能を向上させるというプラスの影響も考え、またどのようにこれらの影響を利用すれば生活機能を向上させることができるかという観点からも見ることが大事です。

1 「疾患」から「健康状態」へ

　「障害」（生活機能低下）を起こす原因は、妊娠・高齢（加齢）・ストレス状態その他いろいろなものを含む広い概念であり、「健康状態」（health condition）といいます注6。これは、健康に影響する因子の捉え方としての大きな変化といえます。

　妊娠は「異常」ではなく、正常で、むしろ喜ばしいことですが、生活機能にいろいろな問題を起こし得るものであり、また加齢も正常の経過で、長生きするのはめでたいことです。ですが、生活機能にはいろいろな問題が起こり得るものなので、「健康状態」に含められたのです。

　このことから見ても、ICFが障害のある人（障害者）のみに関係する分類ではなく、「すべての人に関する分類」になったことがよくわかります。

2 環境因子

（1）環境因子の種類

　普通「環境」というと、自然環境や道路・建物のような、物的な、しかも大きいものだけを考えがちですが、ICFでいう「環境因子」（environmental factors）は非常に広く環境をとらえており、大きくは次の3種類があります。

注5 ▶ 生活機能モデル図で健康状態が生活機能の上、環境因子・個人因子が下にあるのには特に意味はなく、健康状態のほうが重要だから上にあるわけではありません。また、矢印は影響を示していますが、これも上から下へ、左から右への影響が重要なのではなく、影響は上下左右どちらの方向にも及ぶものです。

注6 ▶ ICFの前身であるICIDH（国際障害分類：「6　ICIDHからICFへ」29〜31頁参照）では障害の原因は「疾患・変調」（病気やけが）だけとされていました。

①物的な環境：
　建物・道路・交通機関、日常的に使用する物体・器具（食品、薬、衣服など）、福祉用具（杖などの歩行補助具、義肢装具、車いすなど）、自然環境（地形、植物、動物、災害など）など
②人的な環境：
　家族、友人、仕事上の仲間など。また、それらの人の態度や社会意識としての環境（会社や同僚が障害者や高齢者をどう見るか、どう扱うかなど）など
③社会的な環境：
　医療、保健、福祉、介護などに関するサービス・制度・政策

（2）阻害因子と促進因子

「環境因子」が生活機能に対してプラスの（向上させる）影響を与えているときは「促進因子」（facilitator）と呼び、マイナスの（低下させる）影響を与えているときは「阻害因子」（barrier）と呼びます。

（3）介護は「環境因子」

介護は生活機能モデルの中で、生活機能に直接影響する「環境因子」として位置づけられます。

たとえば、介護をする人は人的環境因子であり、物的介護手段は物的環境因子です。提供される介護の技術は「サービス」という社会的環境因子です。また、介護者の「態度」も人的環境因子として重要です。

（4）促進因子としての介護を：「よくする介護」

介護の必要な人への働きかけとして、さまざまな環境因子をどううまく使っていくかは大事です。すなわち、生活機能（特に活動・参加）を向上する「促進因子」としてよりよく効果を上げることです。一方で、やり方によっては、介護は「阻害因子」にもなり得ることは、常に注意しなければなりません注7。

たとえば、歩くのが不安定になった場合に、すぐに自宅内をいわゆるバリアフリーにする、屋外では車いすを使えばよいと考えるのではありません。その前に「よくする介護」の専門的技術として、どのように介護すれば、歩行という「活動」を直接向上させることができるのかを考える必要があります。その際に、歩行補助具など物的介護手段（物的環境因子）の積極的活用も効果的です。

このような歩行向上に向けた働きかけをして歩行自立したとします。すると、このようなプログラムや介護の仕方、歩行補助具は「促進因子」になったのです。一方、前に述べた住宅改修や車いす使用を

注7 ▶ 介護技術は、直接「活動」などへの働きかけだけではなく、目標・プログラムづくりも重要です。

進めるプログラムや介護の仕方では、車いす生活にしてしまい、「阻害因子」になっていたわけです。

➲第6章参照

3 │ 個人因子──個性の尊重

「個人因子」(personal factors)注8とは、その人固有の特徴をいいます。これは非常に多様です。年齢、性別、民族、生活歴（職業歴、学歴、家族歴、等々）、価値観、ライフスタイル、コーピング・ストラテジー（困難に対処し、解決する方法）、等々です。

この「個人因子」は「個性」というものに近いものであり、医療でも福祉でも患者、利用者などの個性を尊重しなければいけないということが強調されている現在、重視されるべきものです。

注8 ▶個人因子にはまだ詳しい分類がなく、現在分類を作るための検討が進められています（注2（19頁）参照）。

よくする介護 ─介護の質（技術）による大きな差

医療の効果は薬の使い方や手術の技術によって大きく異なり、場合によっては効果が不十分なだけでなく、逆に作用してしまい、命にかかわることすらあるのはよくご存知でしょう。

一方で、介護の質は薬や手術ほど大きくは影響しないと思っておられるかもしれません。しかし実は、介護はやり方によっては生活機能を改善もするし、逆に悪くすることもあるのです。すなわち、介護にも「よくする介護」もあれば「悪くしてしまう介護」もあるわけです。

介護はADLなどの「活動」に大きく影響し、「参加」にも大きく影響するものです。

「環境因子」である介護も「促進因子」になるとは限らず、「阻害因子」にもなり得るのです。

このように、やり方によって差があるのですから、介護の専門的技術を向上させることが大事なのです。また、介護職自身がそのような目で厳しく自分が提供するサービスの内容を評価していくことが必要です。その場合、目の前の時点での影響だけでなく、将来的な影響も考えることが大事です。

環境因子:「阻害因子」と「促進因子」

　環境因子には生活機能にプラスに働く「促進因子」とマイナスに働く「阻害因子」としての作用があります。

　ただ、この作用(影響)は固定的なものではありません。たとえば、歩道の縁石をカットすることは、車いすを使う人にとっては促進因子ですが、義足で歩いている人にとっては歩きにくくなり、危険な阻害因子です。また、点字ブロックは視覚障害のある人にとっては促進因子ですが、車いすを使う人や歩行困難のある人にとっては阻害因子にもなります。

　介護にも、利用者にとって「促進因子」にもなるし、「阻害因子」にもなるという二面性があります。

　先に、例に挙げた「縁石のカット」と「点字ブロック」という「環境因子」はさまざまな人にとって適するように変化することはできません。しかし、介護は対象となる人に対して最適のやり方を工夫して変えていくことができるのです。

第1章　ICFの基本的特徴　25

4　障害

　生活機能に問題が生じた状態、いわば生活機能のマイナス面（不自由なこと、問題・制限・制約があること）を「障害」[注9]（disability）といい、それにも3つのレベル（階層）があります。

1　障害の3つのレベル

　生活機能のそれぞれのレベルのマイナス面を、以下のようにいいます。

「**機能障害（構造障害を含む）**」（impairment）：
　　「心身機能・構造」に問題が生じた状態[注10]
「**活動制限**」（activity limitation）：
　　「活動」に問題が生じた状態
「**参加制約**」（participation restriction）：
　　「参加」に問題が生じた状態

　「生活機能」の場合と同様に、「障害」も3つのレベルからなるとともに、3つが1つの包括概念のもとに総合されているのです。

2　障害を生活機能の中に位置づける

　ICFでの障害のとらえ方は、これまでの障害のとらえ方とは根本的に違っています。それは障害のある人をその障害の面だけから見るのでなく、正常な（プラスの）生活機能（「心身機能」や「活動」や「参加」）をもちつつ、そこに問題（困難、マイナス面）ももっている存在としてとらえることです。

　これは、いわば「障害を生活機能の中に位置づけてとらえる」ことです。また、生活機能のそれぞれのレベルについても、マイナス面はプラス面と関係づけて把握するということです（**図2参照**）。

　　　　　　　　　　　　　　　　　　　　➲**6** ICIDHからICFへ参照

注9▶障害は生活機能のマイナス面です。ですから、「生活機能障害」という用語は、ICFにはありません。生活機能低下というのが正しく、そういう表現が既に公的文書にも使用されています（例：介護保険の要介護認定の主治医意見書）。

注10▶身体構造のマイナス面とは、それ自体が活動・参加などの、他の生活機能に影響を及ぼすような身体構造の著しい変異のことをいいます。たとえば、切断・欠損・奇形などです。それ以外の機能障害を生む原因となっている病理は含みません。それは、「健康状態」に属します。
　たとえば、脳卒中や脳性まひの人について、脳に何らかの異常があるだろうから、この「身体構造」のなかの「脳」に問題があると考えて「身体構造」のマイナス面（構造障害）ありとする必要はありません。

図2　生活機能と障害－両者の3つのレベルの間の関係

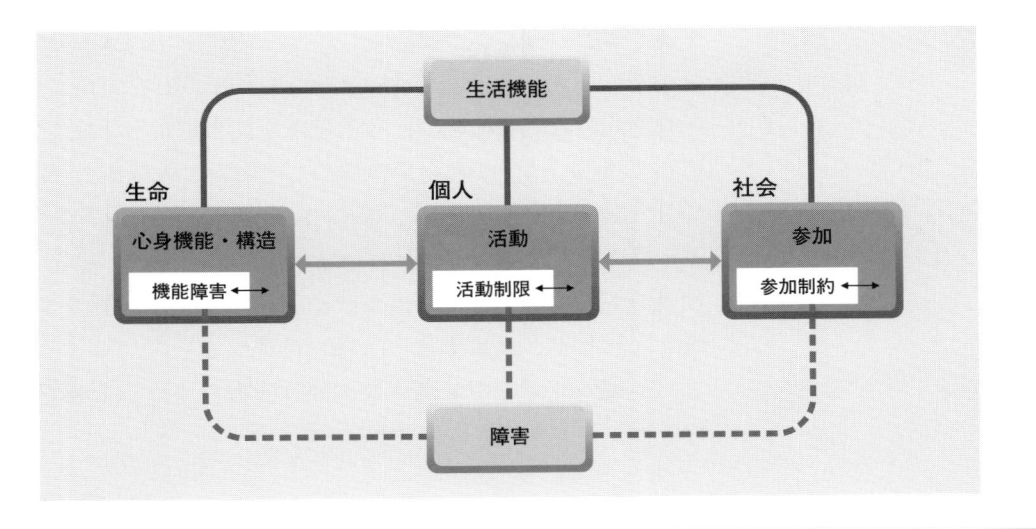

※大川：『介護保険サービスとリハビリテーション』（中央法規・2004）の図を一部改変

5　WHO－FIC（国際分類ファミリー）——中心分類としてのICFとICD

1　ICDとICFで示す健康の2つの側面

　ICFはICD（International Statistical Classification of Diseases：国際疾病分類）とともにWHOの国際分類ファミリー（WHO－FIC：Family of International Classifications）（図3）の中心分類として位置づけられています。

　これには大きな意義があります。ICDは「疾病」を中心としてとらえるものです。これと同時にICFで「生活機能」をとらえることは、真の「健康」を理解するためにはこの両者が不可欠だからといえます。

→コラム4（28頁）参照

2　WHO－FIC（WHO国際分類ファミリー）

　WHO－FICは大きく3つのグループからなり、図3に見るように、中央に「中心分類」、その両脇に「関連分類」と「派生分類」があるという構成です。

（1）中心分類（reference classifications）とは、単に中心にあるというだけでなく、英文名が示すように、他のすべての分類がそこにreferする（参照する、関係づける）という、中心的な役割を演じるということです。

（2）派生分類（derived classifications）とは、中心分類に基づき、それぞれの目的に応じて、その一部を拡大したり、改変したり、追加したりした分類をいいます。国際生活機能分類児童版（ICF Child and Youth Version、ICF－CY）（31頁のコラム5参照）はここに位置づけられています。

（3）関連分類（related classifications）とは、中心分類を部分的に取り入れたり、分類構造の一部が関連をもっているような分類で、今後の改訂の中で緊密な関連性をもつようになることが期待されているものをいいます。

WHOの「健康」の定義とICF

WHOによる「健康」の定義は「完全な肉体的、精神的及び社会的ウェルビーイングの状態であり、単に疾病又は病弱の存在しないことではない」（WHO憲章、1948）です。ここで、仮に「ウェルビーイング」とした"well-being"は、本来「良好な状態にあること」という意味であり、これまで、安寧、福祉、幸福などさまざまに訳されてきましたが、いずれも十分意味を伝えず、誤解を招くことも多いので、ここでは強いて訳さないで用いました。

ICDによって「疾病または病弱」の面をとらえ、それと関連させてICFによって生活機能という「肉体的、精神的及び社会的ウェルビーイングの状態」をとらえることで「健康」を包括的にとらえることができるのです。

この定義に照らしてみれば、医療の目的は単に病気やけがを治療することにあるのではなく、総合的な意味の健康を実現すること、すなわち「身体的、精神的、社会的に完全な良好な状態」にすることにあることがわかります。

図3　WHO国際分類ファミリー（WHO-FIC）の構成内容

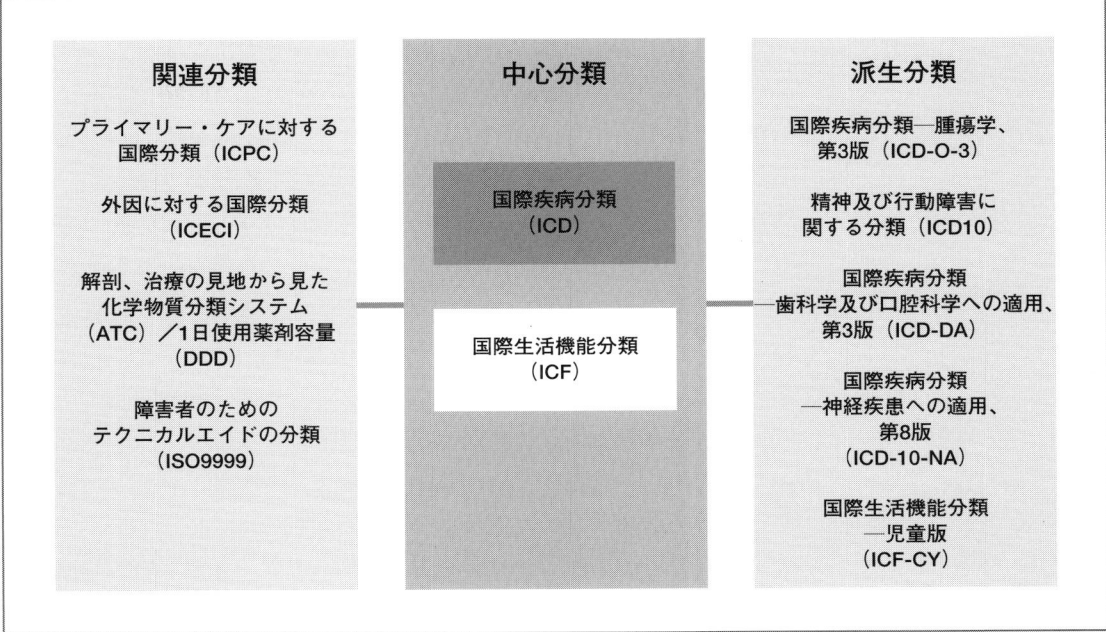

出典：WHO

6　ICIDHからICFへ

ICFの前身はICIDH（International classification of Impairments, Disabilities and Handicaps、国際障害分類、WHO、1980）であり、ICFは一応その改定版と位置づけられていますが、根本的に変化したものであり、全く新しいものということができます。

このような根本的な変化は、この間における健康や障害や障害者についての社会の考え方や態度の大きな変化が影響しており、それを反映しています。

1　ICIDH（国際障害分類）とICFとの違いのまとめ

ICFと比べたICIDHの特徴は次のとおりです。
① ICIDHはICD（国際疾病分類）の補助分類でしたが、ICFはWHO-FIC（国際分類ファミリー）の、ICDと並ぶ中心分類です。
② ICIDHは障害の分類であり、障害のある人にのみ関係しますが、ICFは「すべての人についての分類」です。

③ICIDHモデルとICFモデルとの違い。ICFの「生活機能モデル」に相当するICIDHの「障害モデル」を図4に示します。矢印が一方向であること、環境因子や個人因子がないことなど、多くの点で違いがあります。

④ICIDHは「障害」（「生活機能」のマイナス面）に関する分類です。一方、ICFは「健康」の重要な側面についての分類であり、マイナス面（障害）は「生活機能」の中に位置づけます（27頁の図2参照）。

⑤ICIDHは「疾患の帰結」としての障害の起こり方という因果関係を見ます。ICFは生活機能モデルとして「生きることの全体像」を見ます。

⑥ICIDHは障害の原因を疾患・外傷のみでしか考えませんが、ICFは環境因子、個人因子の影響をも含めて見ます[注11]。

注11▶ICIDHには環境因子の影響（プラスの影響も含む）は含まれていませんでした。すなわち、介護は環境因子ですから、ICIDHでは介護自体を障害（やICFの生活機能）に影響するものとして位置づけることができなかったのです。

2 ICIDHの貢献：障害の階層構造を明確にしたこと ―「障害」の3つのレベルを区別

ICIDHは歴史的に大きな意義を持っています。まずICDの補助分類という位置づけではあれ、病気以外の障害に関する分類の必要性が認められたことです。

さらに、障害の3つのレベルが区別されたことです。これによって、それまで日本では「障害」と一語で呼ばれて漠然と一つのものとして考えられがちで、しかしその具体的内容は、人により立場によってとらえ方（定義）がまちまちだったものが、明確に整理されたのです。これは、ICFでは生活機能の3つのレベルに受け継がれています。

図4 国際障害分類（ICIDH：WHO、1980）の障害モデル

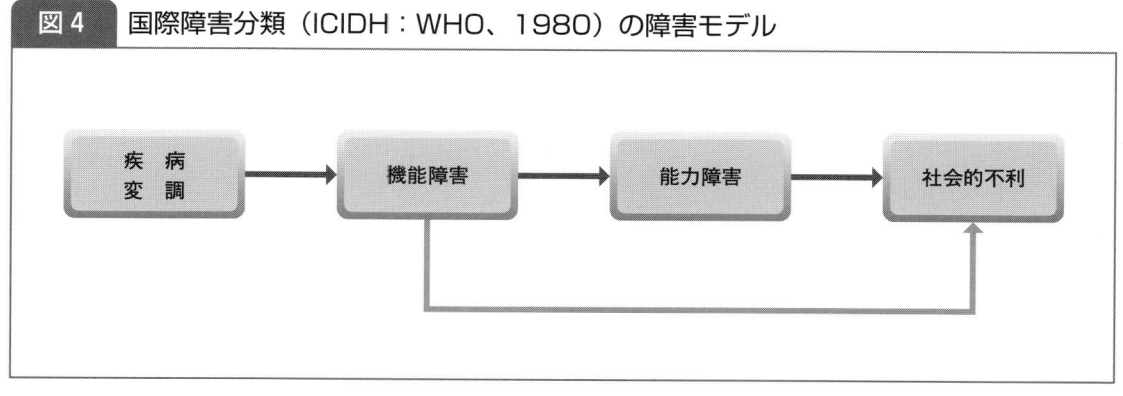

3 ICIDHに対する建設的批判

ICIDHはこのように意義あるものでしたが、その価値を認めつつも残された問題を指摘する建設的な批判もまた数多くなされました。そこで指摘された問題点は次のようなものでした。
①環境の影響が含まれていない。
②社会的不利の分類が不充分（わずか7項目）である。
③欧米中心で、他の文化を考慮していない。
④障害者の意見を聞かず、専門家だけでつくったものである。
⑤主観的障害の無視。

これらの批判は、いずれも妥当性をもっていました。ICFはこのような批判に応え、さらにそれ以上に人が「生きること」を総合的にとらえようとする努力の中から生まれたのです。

ICF－CY（ICF児童版）

2007年にICF－CY（ICF－Children&Youth Version、ICF児童版）がWHOによって決定されました。これは、乳幼児から思春期までの発達過程にある人（18歳未満）の生活機能の分類であり、WHO－FICの中心分類であるICFからの初めての派生分類です。当然、ICF本体との関係が極めて密接で、ICFの理念・構成や項目に基づき、ごく一部に新しい項目や、既存の項目を細分化して詳しくした項目が追加されたり、説明が一部変更されたり、「成長の遅れ」についての評価点が追加されたりしたものです。

ICF本体は「すべての人のための分類」としてつくられたものであり、本来広い年齢層に使用可能です。よって、児童期でもICFを基本とし、特に成長・発達に関連して必要に応じてICF－CYを使うものと考えればよく、機械的に0～17歳までの年齢層には必ずICF－CYを使う、というものではありません。

実際、ICF－CYで追加あるいは細分化された項目を見ると、真にICF－CYの対象年齢層に特有のものではなく、それ以外の年齢層にも重要なものが（この機会に）追加されたと解釈できるものがほとんどです。

7 「共通言語」とは

　ICFが「共通言語」であるとは大きく分けて2つの意味があります。
　一つは、ICFを介護、医療、保健、福祉などサービス場面における相互理解と連携のツール（道具）として活用することです。生活機能モデルに立って、利用者・患者・障害のある人などの、生活機能に関する偏りのない総合的な情報が、各種の機関（病院・施設）の間、各種のサービス制度の間で、また各機関や制度のスタッフの間で、たとえば一定のチェックリストのような形で伝わるようにすることです。
　これは、正確な情報伝達のために分類そのものを活用することであり、今後ますますそれが重要となります。
　しかしもう一つ、「共通のものの考え方・とらえ方」としての「共通言語」も重要です。これは、「人が生きる」ことを包括的・総合的にとらえる見方・考え方を、関係者すべて（利用者本人・家族を含む）が共通にもつことです。以下、この第2の点を中心に述べます。

1 共通のものの考え方としての「共通言語」

　「共通言語」とは、これまで述べてきたような生活機能モデルの考え方を共通にもつことで相互理解を促進するということです。
　共通の考え方をもつ必要があるのは、一つは真の当事者中心のチームワークを形成するために、さまざまな専門家の間です。もう一つは専門家と利用者本人・家族との間です。

2 専門家間の「共通言語」

　専門家間の共通言語としては同じ介護職の間でも大事ですが、それだけでなく、利用者・患者をとりまく他のさまざまな専門家との共通言語が必要です。これによって、多職種協働による当事者中心のチームアプローチが推進されます。

3 当事者と専門家の「共通言語」

　さらに重要なのは、これらの専門家たちと、利用者・患者・障害のある人やその家族などの「当事者」（広義）との間の「共通言語」です。介護の場合でいえば、利用者の立場に立って真の利用者中心、自己決定権尊重の介護を行うためにはこれがどうしても必要です。

ここで、利用者・患者本人や家族のような専門家でない人が、生活機能モデルに沿って問題点を整理するなどという、難しいことができるのかという疑問が起こるかもしれません。しかし、実はICFモデルの中心をなす、「活動」と「参加」というのは利用者本人の「生活・人生」のことであり、本人・家族がよく知っていることです。「環境因子」についても制度的環境は別として、ご自分の家やその周辺の身近な環境のことなら、本人・家族はよく知っています。個人因子に至っては、本人・家族に聞かなければ全く推察もできないことが多くあります。

　いわばこういうことについては、当事者は専門家なのです。ですから、介護職などの専門家は、当事者からの情報を尊重してよく聞かなければならないのです。

　また、実は当事者自身が、自分自身の状態を十分に理解することを欲しており、それについて専門家と話し合い協力できるために「共通言語」を求めているのだということを認識すべきでしょう。

コラム❻

ICF（国際生活機能分類）という名称

　ICFは2001年5月22日に世界保健会議で決定されました。名称は「生活機能・障害・健康の国際分類（<u>I</u>nternational <u>C</u>lassification of <u>F</u>unctioning、<u>D</u>isability and <u>H</u>ealth：ICF）」へと変更になりました。正式略称なら下線で示したようにICFDH（生活機能・障害・健康の国際分類）となってしかるべきときところですが、長すぎるのと、国際疾病分類（ICD）と肩を並べるという意味でICFという短い略称になったものです。

　また、日本語訳も「国際生活機能分類」となりました。これは、できる限り負の側面をとらえるのではなく、前向きな表現とするという今回の改定の趣旨が尊重されたものです。

第2章

「活動」とは

1 普通は無意識にしている「活動」：
  「活動制限」には専門的知識と技術が必要
2 活動は全ての生活行為
3 「実行状況（している活動）」と「能力（できる活動）」
4 「している活動」と「できる活動」の差
5 活動の「レパートリー」と「バラエティ」
6 「自立」のとらえ方：限定的自立と普遍的自立
7 活動の「量」と「生活の活発さ」
8 活動の詳細な把握
9 「活動」と「心身機能」「参加」との関係
10 「している活動」の意義

　「活動」は介護の具体的なターゲットです。そこで「活動」について詳しく見ていきます。
　「活動」は全ての生活行為です。生活機能モデルの中での「活動」レベルのとらえ方と、一つひとつの「活動」項目の見方の、両面からていねいに考えましょう。

介護の直接的なターゲットは、「活動」です。そこで、本章では「活動」についていろいろな角度から整理していきます。

　「活動」とは、一定のはっきりした目的をもって行う「生活行為」で、介護において最も基礎となる用語です。

　「活動」全般に関して論じるときには一般論として"「活動」レベル"、一つひとつの具体的な生活行為として論じるときには"「活動」項目"と、きちんと分けて使うようにしたいと思います。

1　普通は無意識にしている「活動」：「活動制限」には専門的知識と技術が必要

　「活動」とは、内容豊かな生きがいのある生活を送るために必要なさまざまな生活行為のことです。これがいろいろな原因で困難になって自立して行えなくなったときに必要となるのが介護です。

　介護は非常に専門性の高い、高度な技術を必要とするものなのですが、それが十分認識されていないのは誠に残念です。これが軽視されがちな原因の一つは、私たちはさまざまな「活動」を、日常あまりにも当たり前のこととして行っているので、その複雑さ、難しさがピンとこないからだと思います。

　しかし、子どものときを振り返れば、たとえば洋服や下着を着る活動一つとっても試行錯誤を繰り返し、何回も直されながら学んで身につけてきたのです。箸の使い方、字の書き方、全てそうです。

　しかし、完全に身についたため、今は何も考えず、ほとんど無意識に行うようになったのです。このように、ごく自然にしている「活動」ですが、いったん体の一部が不自由（機能障害）になると、とたんに困難になります。

　そういうときには、「この手足の動き（機能障害）をよくする以外に解決法はない」と考えてしまいがちです。しかし、実は専門的な知識と技術に基づく適切な指導により、方法・手順（姿勢のとり方、場・用具の活用の仕方を含む）を新たに習得し、必要なら歩行補助具などの「環境因子」を活用すれば、機能障害自体が不変、あるいはむしろ悪化していくような場合でも、「活動」は飛躍的に向上させることができます。これが「よくする介護」の技術です。その技術を向上させるには、以下に述べる「活動」の理解が基礎となります。

◯第3章参照

2 活動は全ての生活行為

「活動」は身の回り行為だけでなく、ありとあらゆる行為を含みます[注1]。介護の対象となる活動もこのような全ての生活行為です。
　　　　　　　　　　　　➡ 5 活動の「レパートリー」と「バラエティ」参照

しばしば「活動」の中でもセルフケア（身辺ADL）への介護を優先し、それが自立した後にその他の「活動」項目への働きかけを考えるという考え方になりがちですが、そういうものではありません。

どの「活動」項目が重要かは一人ひとりの「参加」を実現する具体像によって違ってきます。　　　　　　　　　　➡第7章参照

注1 ▶ICFでは「活動」の項目についての詳しいリストがあります。

3 「実行状況（している活動）」と「能力（できる活動）」

ICFでは「活動」をさらに、「実行状況」（「している活動」）と「能力」（「できる活動」）との2つの面に分けてとらえるのが大きな特徴です[注2]。

一つひとつの「活動」の項目ごとに「実行状況」（している活動）と「能力」（できる活動）の2つの状況があるのです。

これは、介護職が"「している活動」に働きかける専門職"であるという点で、その専門性を明確にする上での基本となる、とても重要なことです。

注2 ▶ICFで「活動」の「実行状況」と「能力」を分けたということは、我々が以前から、臨床実践上の重要性から、「している活動」と「できる活動」とを分けて、活動向上には両方を重視すべきだといってきたことに一致しています。

1 「している活動」（実行状況）

「実行状況」（「している活動」）とは、現在の毎日の生活で実際に行っている「活動」（生活行為）の状況です。介護は、直接的には、主にこれに対して働きかけます。そのため、この「している活動」の具体的やり方を細かく観察して把握できることが介護の専門性として重要です。　　　　　　　　➡ 10 「している活動」の意義参照

2 「できる活動」（能力）

「能力」（「できる活動」）にはいくつかの種類があります。

ひとつは本人が頑張れば、また家族などとも一緒に工夫すれば可能な状況です。

第2章 「活動」とは

介護やリハビリテーション、特別支援教育などで、専門家が技術・経験・知識を駆使し、補助具などを用いて働きかけてはじめて、訓練や評価（テスト）の際に「できる」ことを確認できる状態もあります。

また、たとえば、認知症の人でいわゆる調子のよいときや、何らかの適切なヒントがあるときなどに行えた（しかし、いつもはできていない）場合の状態は「できる活動」の状態といえるでしょう。

3 │ 向上させる観点から見る

ここで大事なことは、「している活動」「できる活動」ともに単にその時点での状況を見ればよいのではなく、働きかけによって向上させ得るものという観点から見ることです。まさに介護は「している活動」について、そのような観点から行うものです。これが「よくする介護」のアセスメントや具体的働きかけの基本的な考え方です。

> **コラム7**
>
> ### 各項目ごとの「している活動」と「できる活動」
>
> 一つひとつの「活動」項目ごとに、実行状況と能力の両面があります。次の点に気をつけましょう。
>
> ①「自立」あるいは「独立」注3の項目だけをいうものではありません。介護を受けている状態や実施していない状態の場合もあります。「している活動」と「できる活動」との、介護の仕方の違いは大事です。
>
> ②「できる活動」とは訓練室、「している活動」は病室や自宅など実生活の場の状況ということではありません。たとえ病棟や居室棟や自宅などの"実際の生活の場"で観察したことであっても、訓練やテストのときの状況は「できる活動」です。毎日の実生活上で本当に実行している状況が「している活動」です。
>
> ③「している活動」・「できる活動」とは確認したものであり、「している（はず）」「できる（はず）」と推測したものではありません。

注3▶自立と独立
「自立」というのは「している活動」についてだけ使い、「できる活動」が自力でできた場合には「独立」と区別したほうがよいでしょう。

4 「している活動」と「できる活動」の差

1 「している活動」と「できる活動」との区別

　「よくする介護」の第一歩は「実行状況（している活動）」と「能力（できる活動）」を明確に区別して、それぞれを正確に把握することです。なぜなら、そこに一つひとつの「活動」を「よくする」重要なヒントが潜んでいるからです。

　「している活動」と「できる活動」の間には大きな差があるのが普通です。そのそれぞれの状況と両者の差、そしてその差の原因を明らかにすることで、活動に対してどのように働きかけるべきかの非常に有益な情報を得ることができます。「よくする介護」のためにはこの分析は不可欠です。

➡第5章参照

2 "意欲がない"せいにしない

　たとえば、訓練室では歩いていても、病室・居室棟では歩こうとしない。また、訪問リハビリテーションのときには自宅の廊下を歩ける〈できる活動〉のに、日常生活で家族と一緒でも歩こうとしない〈し

いたわり？：家族・本人の「活動」向上の重要さについての理解

ている活動〉という場合があります。

そのとき「意欲がない」からだといわれることがありますが、それは多くの場合大きな間違いです。

両者の間には差があるのが普通なのですから、簡単に意欲のせいにせず、このような差が何によって生じているかを突き止めることが大事です。この差の原因には**表1**に示すように多数のものがあります。

表1 「できる活動」と「している活動」の差を生む因子
1. 環境条件（訓練の場か生活の場か、など） 2. 用具・対象物 3. 時間的制約（時間帯による変化を含む） 4. 体力 5. 1日の生活の中の変動 6. 習熟・習慣化 7. 意識的な努力の有無 8. 本人・家族・周囲の活動向上の重要さについての理解 9. 本人の心理的要素 10. 本人の生活の中での優先順位 11. 介護する人の生活における優先順位 12. 介護する側の能力

また、「よくする介護」の働きかけの途中では「できる活動」としてはできても、まだ「している活動」として実行できないために、意識的に差をつけることが必要な場合は少なくないのです。

5 活動の「レパートリー」と「バラエティ」

「活動」は「レパートリー」と「バラエティ」の両面からとらえていくことが重要です。

1 レパートリー

先に 2（活動は全ての生活行為）で述べたように「活動はすべての生活行為」です。「活動」のレパートリーとは、「活動」（生活行為）の種類の多さや広がり・範囲のことをいいます。自宅だけでなく、広い範囲の社会生活を含めて、そこで必要な「活動」の種類のことであり、これにはセルフケアだけでなく、家事、趣味、仕事などさまざまな活動があります。

「レパートリーを増やす」ということは「よくする介護」の重要な任務です。

2 バラエティ

(1) バラエティとは

バラエティとは、一つの同じ「活動」項目（ある一つのレパートリー）の中での、やり方の多種多様性です。たとえば、ある活動（生活行為）を行うときの、対象物、利用する設備、姿勢、手順、用いる用具、などによって非常にさまざまなやり方があり、それがバラエティです。

第2章 「活動」とは

たとえば、排泄（尿）という「活動」の一つのレパートリーをとっても、その行い方には、しびん（臥位、座位）、ベッドサイドのポータブルトイレ、車いすで車いす用トイレ、車いすで普通のトイレに行って便座に移って（あるいは立ち上がって）、歩いてトイレに行って腰かけて、歩いて行って立って、というようなさまざまなバラエティがあります。

　更衣についても、一定のもの（例：伸縮性のあるジャージや大きめのもの）しか着ることができない場合よりは、普通着るものなら何でも着ることができる、実用的には不要だが社会的には必要な、ネクタイを締めたり、ネックレスをしたりもできるというほうがはるかにバラエティが多いわけです。

　食事にしても、自分で食べられるがスプーンでしか食べられないのと、スプーンやフォークを使い分けたり、箸も使えたり、それも麺類がうまく食べられたり、魚の小骨が箸で上手く取り分けられたりなどと、食べ方にさまざまなバラエティがあります。

　この排泄、更衣、食事という3つの「活動」のバラエティの例をとってみても、あるレパートリーのさまざまなバラエティは全て同格というわけではなくて、やさしいもの、難しいもの、社会的な基準として「より望ましい」もの、というように違いがあります。

　この他の、どのような「活動」のレパートリーをとってみても、そのやり方には同じような多くのバラエティがあるのです。

ボタンつきのものや和服も着れるようになるといいな。

（2）バラエティごとの介護のポイント

　介護のやり方や観察のポイントも、同じ「活動」項目であってもそのバラエティごとに違ってきます。

　たとえば、移動という項目で、自立度としては同じ"見守り"であっても、車いす駆動を見守っている場合と歩行の見守りとでは、利用者の状態も、介護職の留意点も全く異なります。

　また、整容という項目を直接的に介護する場合でも、車いす座位のときでの介護の仕方と、立位姿勢のときでの介護とは異なります。また、同じ洗面台を使って立位で行う場合でも、もたれかかって立っているのか、体を離して立って行うのかも、かなり異なるのです。

3 限られたレパートリーやバラエティによる「参加制約」

　このような「活動」のレパートリーやバラエティが限られていれば、社会的な生活（「参加」）の範囲が限られることになり、「参加」の制約が生じることは容易に想像できるでしょう。ですから、「活動」のレパートリーやバラエティを増やすことは、さまざまな「参加」の可能性を増やすことにつながる大事なことなのです。

　「活動」の向上とは、このようなレパートリーの種類や範囲を広げ、同時に個々のレパートリーについてバラエティを増やしていくことでもあります（もちろん、それらの自立度を高めることも重要ですが、それは次で述べます）。

6 「自立」のとらえ方：限定的自立と普遍的自立

　ある「活動」の項目がどれだけ本人の判断や力で行っているかを示すものが「自立度」です。

　自立度は、普通「自立」―「部分介助」―「全介助」―「非実施」などと分けられます。しかし実は、自立には「普遍的自立」と「限定的自立」という2つを区別しなければならないのです。

1 「限定的自立」で生じる「参加制約」

　「限定的自立」とはある環境では自立していても、他では自立していないような場合です。そうであれば限られた場所にしか行けず、それによって社会的な活動範囲は狭くなります（参加制約）。

たとえば病院・施設で、ある活動項目が自立しても、それがその病院・施設の環境でしか行えず、自宅での実生活では行えないような場合です。あるいは自宅は自立しているが、もっと広い範囲の社会生活の場では介護を必要とするような場合です。

　洋式トイレの使い方しか習わなかったため、和式トイレしかないところへは、たとえ娘の嫁ぎ先でさえ行けないことがあります。洋式トイレがあるとわかっている場所にしか外出しないことで、さまざまな参加制約が生じるのです。

　また、箸が本当に上手くは使えないので、それが必要な外での食事（麺類や魚の小骨の処理、など）はしないという例、あるいは限られた種類の服しか着られないので、冠婚葬祭や好きな芝居などにも行けない方もいらっしゃいます。

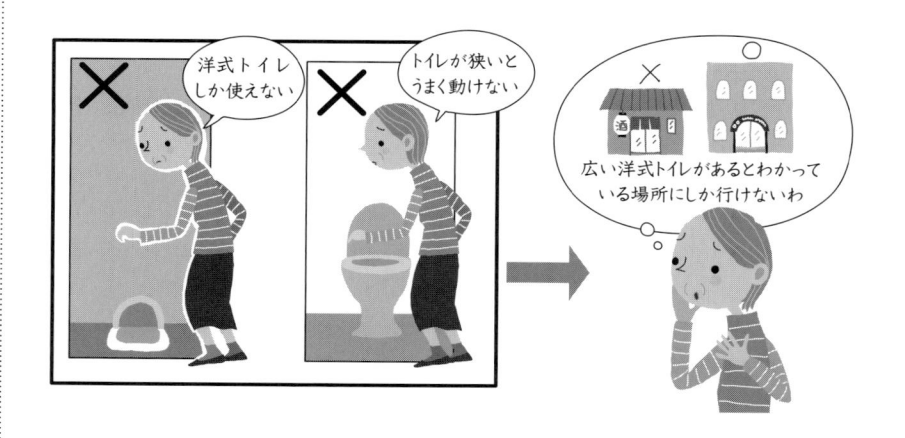

2 「限定的自立」でとどまらない介護

　これらは、いずれも適切な活動向上に向けての働きかけ・介護をすれば解決する問題なのに、現状では、ある一定の場所（自宅・居室棟など）で自立すればよし、としてしまっていることが、残念ながら少なくありません。

　これには自立にも2種類あり、本当の自立はどのような環境（物的環境だけでなく、冠婚葬祭などの社会的な環境も含めて）ででも自立して行えること（「普遍的自立」）だという認識が徹底していないからと思います。

　これはICFが、生活機能に問題のある人についてだけのものでなく

「全ての人のための分類」になったことと深い関係をもっています。つまり、これまでは「自立」ということを、限られた範囲の生活機能低下（障害）のある人や高齢で不自由な人を中心に考えがちだったため、限られた範囲の自立でもよしとしてしまうような傾向があったと思います。しかし、「全ての人」のものならば、もっと高いものを基準にし、障害のある人や高齢者の自立をもそういう高い水準に持っていくという考え方が望まれます。　●コラム14（85頁）参照

7　活動の「量」と「生活の活発さ」

1　活動の「量」

「活動」については、レパートリー・バラエティ・自立度に加えて「量」の観点からも見ることが大事です。

活動の「量」とは、一つひとつの活動（あるレパートリーのあるバラエティ）ごとの量のことで、1日の中での回数、頻度、時間、（歩行・移動なら）距離などです。たとえば、1日朝から晩までに何回、どのくらいの距離の場所に歩いて行っているのかということが「量」です。

レパートリーの広さだけでなく、活動のバラエティや自立度と「量」とは大いに関係があり、バラエティが多く、自立度が高いほど「量」も増えるのが普通です。たとえば、「移動」という項目のバラエティとしては、屋内だけでなく屋外が自由に歩けるようになれば、自然に遠くまで用事をつくって歩いていくようになり、歩く距離や時間が増えます。

また、自立度についていえば、人に見守ってもらわなくても安全に屋外が歩けるようになれば、見守る人の都合のよいときだけでなく、一人でいつでも外出でき、歩く量が増えます。

2　生活の活発さ

活動のすべてのレパートリー・バラエティについてこのような「量」があります。そして、それを全ての「活動」について総計したものが「生活の活発さ」です。「活発」というと量的なことだけを考えがちですが、実はレパートリー・バラエティの多さとか、自立度とか、いわ

ば「質的」な面も重要なのです。

　「生活の活発さ」が低下すると生活不活発病（廃用症候群）が起こります。また、それを予防・改善するには「生活の活発化」が不可欠です。ですから、介護にあたっても「生活の活発さ」ということに常に注意を払い、常にそれを高めようと努力することが大事です。

➲第8章参照

8　活動の詳細な把握

　「活動」のバラエティ、自立度、量を把握するためには、詳細な把握が必要です。特に「よくする介護」としての、「活動」をよりよくする（「している活動」を高める）ための働きかけや工夫を行う中での観察注4が大事です。そのポイントは、以下の通りです。

①姿勢（立ってするか、もたれてするか、腰かけてするか、等）
②環境因子（屋外・屋内、家の設備・家具、歩行補助具、装具、車いす、など）
③対象物や手段（衣服の種類、調理の用具、等）
④手順
⑤その目的行為を行う適切な場所、適切な位置への移動の状態（実用性、動線など）
⑥スピード
⑦視線がどこを向いているか
⑧リスク管理的に、活動をしているときの顔色、呼吸状態、等
⑨本人の視点（本人がその「活動」にどのような意味・価値を認めているか）

　これらについて詳しく観察（特に参加型観察）をすることで、なぜできないのか、どうしたらよくなるのかのヒントがわかってきます。また、「できる活動」と「している活動」の違いがわかります。

　介護を行う際もこれらの点に留意して行うことになります。これらに留意していくと、どこが異なると本人がスムーズにできるか、逆に難しくなるかがわかります。

　また、違った「活動」項目でも部分・部分を見れば、実は類似のやり方を行っている場合も少なくないので、その「活動」項目での観察だけでなく、他の項目での類似した部分と比較検討することも役立ちます。

注4 ▶これを離れて見る観察でなく、「参加型観察」といいます

9 「活動」と「心身機能」「参加」との関係

　生活機能の3つのレベルのうち、「活動」と他の2つのものとの関係を見てみましょう。この三者の関係については、相対的独立性（第3章■3つの生活機能レベルの関係）でも述べています。

　「活動」と、「心身機能」および「参加」との関係を図1に示しています。

1 「活動」は「参加」の具体像：
　　―「参加」と「活動」のセット―

　まず「参加」、すなわち社会や家庭での役割を果たすことなどは、1日中の一つひとつの生活行為（「活動」）の積み重ねで成り立っています。その意味で「参加」の具体像が生活行為（「活動」）だといえます。

　これは「参加」と「活動」が表裏一体だということでもあります。「参加」について考える場合、具体的な「活動」状態の裏づけがないと、とらえ方が不十分になります。後で介護の目標設定（第7章■目標設定の4つのステップ）のところでも述べますが、現状の把握や目標設定等でもこの2つのレベルをセットとして考えることが必要です。

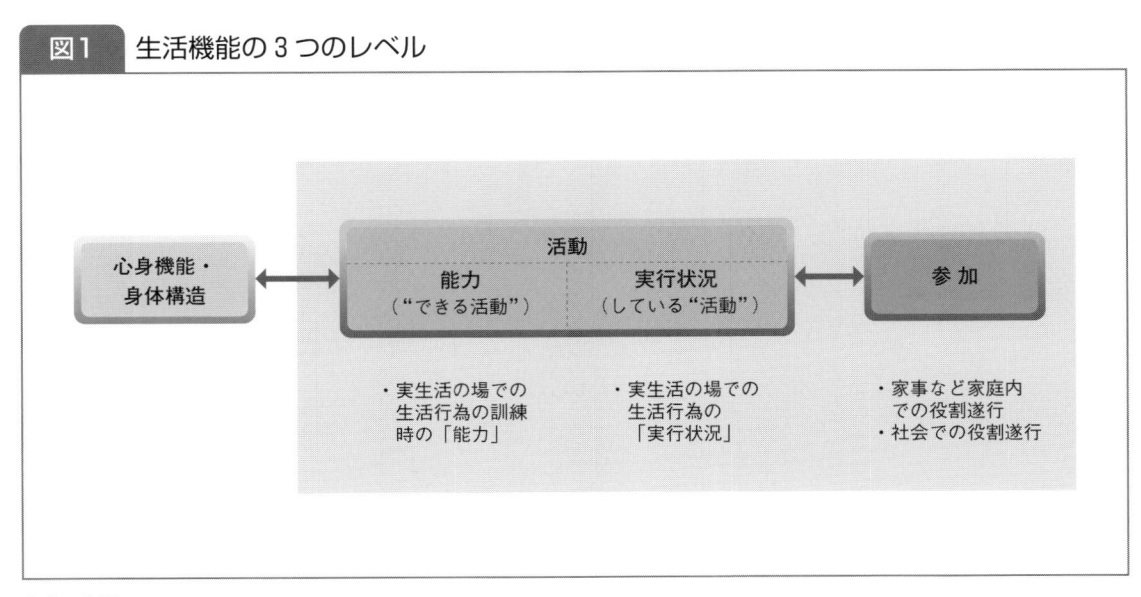

図1　生活機能の3つのレベル

```
心身機能・身体構造 ⇔ 活動 ⇔ 参加
                 能力           実行状況
                ("できる活動")  (している"活動")

・実生活の場での    ・実生活の場での    ・家事など家庭内
 生活行為の訓練     生活行為の         での役割遂行
 時の「能力」       「実行状況」       ・社会での役割遂行
```

出典：大川、2004

第2章　「活動」とは

ただ、表裏一体といっても、「参加」と「活動」が1対1に対応しているのではありません。たとえば、**表2**に示すように、一つの「参加」項目としてスポーツを楽しむためには、多くの「活動」項目が必要なのです。

そこで、「参加」を実現するには、どのような「活動」項目の、どのようなやり方が必要かを考え、それを獲得することが必要です。で

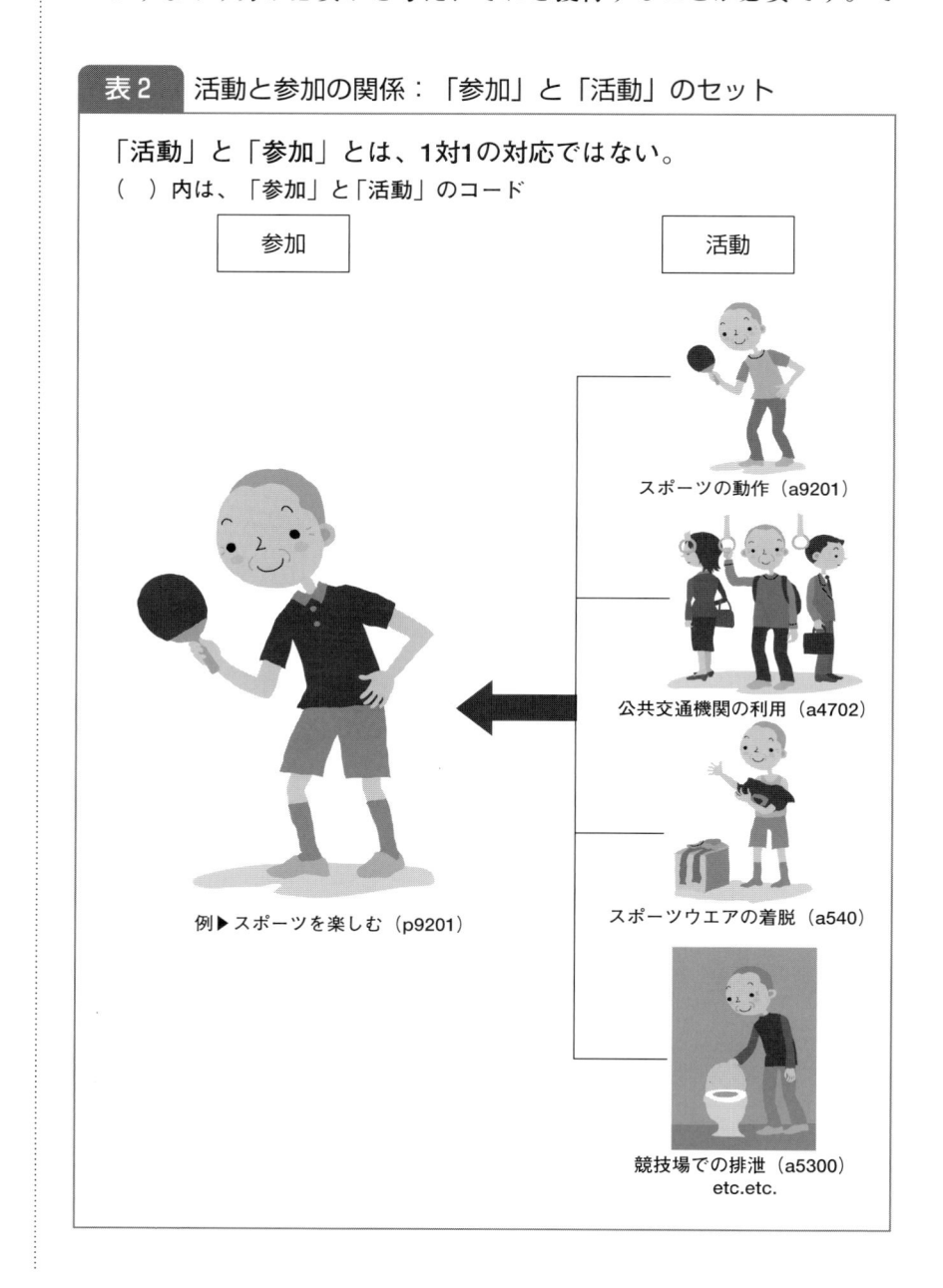

> **表2** 活動と参加の関係：「参加」と「活動」のセット
>
> 「活動」と「参加」とは、1対1の対応ではない。
> （　）内は、「参加」と「活動」のコード
>
> 参加　　　　　　　　　　　　　活動
>
> 　　　　　　　　　　　　　　　スポーツの動作（a9201）
>
> 　　　　　　　　　　　　　　　公共交通機関の利用（a4702）
>
> 例▶スポーツを楽しむ（p9201）
>
> 　　　　　　　　　　　　　　　スポーツウエアの着脱（a540）
>
> 　　　　　　　　　　　　　　　競技場での排泄（a5300）
> 　　　　　　　　　　　　　　　etc.etc.

すから、一つひとつの介護の仕方（「している活動」への働きかけ）自体が「参加」の実現に影響するという面が大きいのです。

2 │ 「活動」は「心身機能」の総和

一つの生活行為（活動）は、とても多くの心身機能を含んでおり、それらを同時に働かすことになります。

たとえば、屋外を歩くには、さまざまな「心身機能」を使っています。単に足の筋肉を使うことだけではありません。全身の筋肉を使うし、平衡機能も心肺機能も使います。足もとや周囲、特にすれ違う人や追い越していく自転車などに注意を払い、凸凹なところには足の動かし方を変え、障害物を避けるなど、活発な精神活動も必要です。

逆にみると、第3章（**2**相互依存性（2種類））で「右から左への相互依存性」といったように、屋外を歩くこと（活動）によって、さまざまな「心身機能」を使うことになります。身体的機能だけでなく、周囲の景色や町並みの変化を見ることもよい精神的な面への刺激となります。

3 │ 模擬動作

「活動」とは具体的な目的をもって行われる生活行為です。模擬動作とは、具体的な目的をもたず、使う道具や対象物も本来のものと違うものを使って、しかも多くの場合「活動」の一部分だけを取り出して行うものです。

ときに「ADL訓練」などの名目で「模擬動作」の訓練が行われ、それが「できる活動」の訓練と混同されていることがあるので注意が必要です。たとえば、食事という活動項目の訓練だとして、箸で大豆をつまむ動作の訓練があります。

また、訓練室で行う歩行訓練などがありますが、このような「模擬動作」の訓練は「活動」向上のための予備的なものであり、「模擬動作」の訓練だけで「活動」を向上させ得るものではありません。

→コラム8（53頁）参照

10 「している活動」の意義

この章の最後に「している活動」のもつ意義をまとめておきたいと思います。後にも詳しく述べるように「よくする介護」では将来の目標を大事にしますが、これは現在の「している活動」の状況を軽視することではありません。むしろ単に現在の状況としてとらえるだけでなく、「している活動」のもつ意義を十分に認識して働きかけ、目標設定にも反映させることが特徴です。「している活動」は介護の専門性をなすものなので、その意義は大きいのです。

この「している活動」がどのような意義をもつのかを整理したのが**表**3です。

> **表3** 「している活動」の意義
>
> 1．「参加」の具体像
> 2．自立度は人間としての尊厳に影響
> 3．「活動」が「心身機能」に影響する
> 4．生活の一部として行っていることが同時に、頻回に行う訓練としての効果をもつ
> 5．「生活不活発病（廃用症候群）」と「生活機能低下の悪循環」の予防・改善の効果をもつ
> 6．「している活動」のやり方を本人と一緒に決めていくことは、自己決定権の発揮の機会を増し、自己決定能力向上につながる
> 7．目標を達成するための大事なステップ

このうち「1．「参加」の具体像」であるということと、「3．「活動」が「心身機能」に影響する」ことは既に詳しく述べた（9「活動」と「心身機能」「参加」との関係）ので、その他の項目について述べます。

1 人間としての尊厳への影響

実生活で「活動」が自立しているということは、実際の生活の上で他人からの介護を受けないですむということです。介護を受けるということは当然の権利であり、決して恥かしいことでも何でもないことです。しかし、現実には介護者の時間その他の都合のいいときまで待たなければならないことも多く、その他にもどうしても遠慮、依存、干渉などの要素を含みやすいものです。ですから、介護を受けること

介護歩行＝歩行の頻回訓練　　コラム16（100頁）参照

なく生活できるということは、利用者の人間としての尊厳にプラスに働く極めて大事な意味をもつことです。

　しかし他方では、ある「活動」を介護を受けながら行うことが、「参加」の向上に役立ったり、頻回に行う訓練や生活不活発病の予防・改善としての効果をもっていたりすることも多いので、本人がそれを理解して、自立ではなく介護を選択すれば、これは人間としての尊厳を守っていることになります。逆に、そのような方法もあることの説明をしないままで「活動」の自立に向けて進めるとしたら、たとえ善意からであっても、人間としての尊厳を尊重した介護とはいえません。

　これは、介護についての具体的な説明の仕方や、利用者の意思の確認という、後で述べるインフォームド・コオペレーション（第7章）の考え方をどれだけ貫いているかということです。

2　頻回に行う訓練としての効果

　「している活動」として実生活で実行することは、たとえ介護されて行っても、1日の生活の中でその動作を頻回に行うことです。それによって、「活動」としてはその方法・手順での習熟性が増します。また、「活動」から「心身機能」への方向の相互依存性によって、「心身機能」をよく使うことにもなり、いわば「心身機能」の訓練を行っていると同じよい影響があります。

　たとえば、介護を受けて歩行を行うことは、目の前の必要を満たしているだけでなく、結果的には実用的な歩行の頻回訓練を行うこととも

ほぼ同様の効果を生むことになり、車いすで自立した生活をするよりも歩行自立に向けての効果は大きいのです。
　　　　　　　　　　　　　　　　　　　　　　　➡第6章参照

3 | 生活不活発病と「生活機能低下の悪循環」を予防・改善するために

　生活不活発病（廃用症候群）の予防・改善のためには「生活全般の活発化」が重要です。これは、1日を通じての生活の具体像である、活動の全てのレパートリー、バラエティについての「量」の総計です。
　　　　　　　　　　　　　➡ 7 活動の「量」と「生活の活発さ」参照

　一つひとつの「活動」項目はその具体的やり方（バラエティ）によって「生活の活発さ」への影響は異なります。むしろ介護して行うほうが自立している場合より活発な生活を送ることになる場合もあります。たとえば車いす駆動で自立するよりも、実生活上での介護歩行や立位でADLを行うことのほうが活動性向上につながることが多いのです。
　　　　　　　　　　　　　　　　　　　　　　　➡第6章参照

4 | 自己決定権の発揮（インフォームド・コオペレーション）

　介護方法の選択のプロセスを、自己決定能力発揮のプロセス、そしてさらには自己決定能力向上のためのトレーニングのプロセスとしても位置づけることが重要です。

　インフォームド・コオペレーション（情報共有に立った協力）とは、専門的な見地から、実現可能な複数の選択肢を提示して、利用者・患者に十分な説明をしていきながら、利用者・患者自らにその中の一つを選択（自己決定）してもらうことです。これは、介護を受けていても、人間の尊厳にマイナスにならないための配慮として大切なことです。選択肢の提示の際には、利用者・患者自身が気づいていないプラス面の可能性をも含めて具体的に提示することが重要です。

　このような選択肢の提示とそれをもとに選択していく過程を通して、利用者自身が現実的で効果的な選択をする能力（自己決定能力・問題解決能力）を高めていくこともできるのです。　➡第7章参照

5 | 目標を達成するための大事なステップ

　その時点での活動の状況は、そのときだけでなく、将来の活動状況にも大きく影響します。

　後で詳しく述べますが、「目標指向的介護」では「活動」の目標を明確にして、一つひとつの活動項目については「する活動」を設定し、

それに向けて「できる活動」と「している活動」の両方を高めていきます。「している活動」は「活動」の目標を達成するプロセスでの重要なステップなのです。

→第6章参照

コラム⑧

「活動」の理解：車の運転にたとえてみれば

「している活動」、「できる活動」、「模擬動作」の三者を車の運転にたとえてみましょう。教習所内での運転練習が「模擬動作」、教官が同乗する路上での仮免運転が「できる活動」、教官なしの、独立しての実際の路上の運転が「している活動」です。

「訓練室では50メートル以上も歩けるのに、病棟では歩かずに車いすを使っている」ということが問題になり、「歩けるのに歩かない。意欲がないのだ」と決めつけることが見られます。ところが、実は肝腎の病棟での「できる活動」としての歩行訓練はほとんど行われていないのです。たとえ病棟や居室棟で歩行訓練を行っていても、排泄や洗面などの目的行為と一連の歩行訓練でなければ、病棟・居室棟で行う模擬動作訓練に過ぎません。

　ということは、教習所内の運転練習だけが終わった段階で、路上の仮免運転の練習も不十分なまま、「自分一人で運転すべきなのに、しないのはいけない」といっているようなものです。

　しかも教習所では車庫入れや坂道運転や踏切でのストップなど、結構複雑な実際的な運転を模擬的とはいえ一応はするのですが、普通行われる訓練室の歩行はほとんど直線歩行だけで、トイレなどの狭い場所での方向転換や位置の微調整などの応用的な歩行の訓練はほとんどしないのです。ですから、今の歩行訓練は模擬動作の訓練としてさえ不十分なのです。

第3章

生活機能の3レベル間の相対的独立性
―「よくする介護」の根拠

1　3つの生活機能レベルの関係
2　相互依存性（2種類）
3　相対的独立性
4　生活機能低下の因果関係と解決の突破口は別

　なぜ介護でよくすることができるのでしょうか？
　「よくする介護」の根拠を理解するには、「活動」の「心身機能」に対する相対的独立性を認識することが大事です。
　また、右から左【「心身機能」←「活動」←「参加」】の相互依存性、そしてマイナスだけでなく、プラスの影響があることも大事です。
　これらをアセスメントや目標設定時に生かしていきましょう。

1 3つの生活機能レベルの関係

　ICFでは生活機能も障害も3つのレベル（階層）からなります。

　そして、この3つのレベル（階層）の間の関係には、大きくは2種類あります。一つは、生活機能モデルで生活機能の3つのレベル間の相互の矢印で示されているような、相互に「影響を与える」という「相互依存性」（**図1**の1-①、1-②）です。もう一つは、「相互に影響が及ばない」という「相対的独立性」（**図1**の2）です。

　さらに、相互依存性の中には、図1で1-①と1-②で示す2つの方向性があります。すなわち、普通それだけと考えられやすい左から右への影響とは逆の、右から左への影響もあるということです。

　現状把握のアセスメント・目標設定やプログラム立案時には、常に生活機能の3つのレベルの間にこの3タイプの関係があることを念頭において整理することが大事です。

　しかも、この影響にはマイナスの影響（あるレベルでの低下が別のレベルでの低下を起こす）だけでなく、プラスの影響（向上が向上を起こす）もあることも忘れてはなりません。

　しかし、現状ではこのうちの「左から右へ」の相互依存性（**図1**の1-①参照）、しかも「マイナスの影響」のみを考えがちなので、そうならないことが大事です。

図1　生活機能の3つのレベルの関係

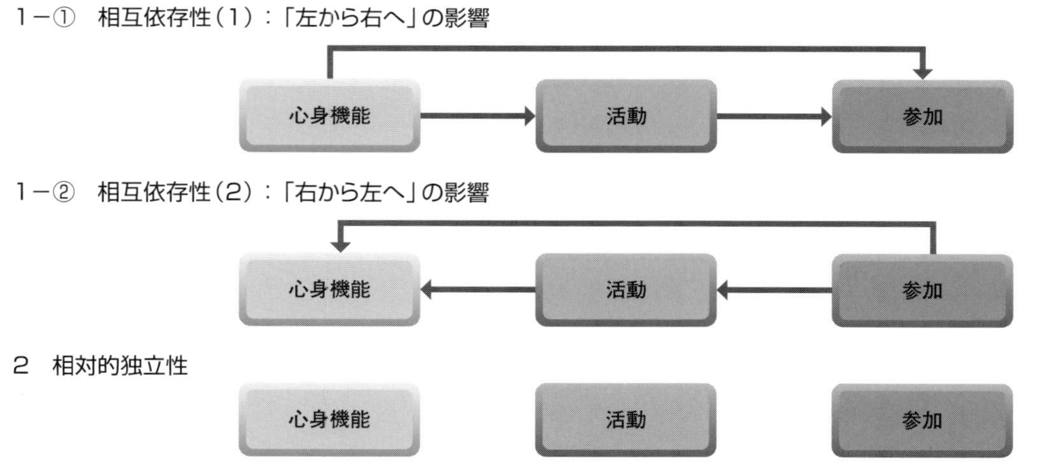

1-①　相互依存性（1）：「左から右へ」の影響

心身機能 → 活動 → 参加

1-②　相互依存性（2）：「右から左へ」の影響

心身機能 ← 活動 ← 参加

2　相対的独立性

心身機能　　活動　　参加

2 相互依存性（2種類）

相互依存性とは「影響を与える」ということです。「相互」というように、影響というのは本来相互的（お互いに影響し合う）ものです。しかし、影響の仕方がどちらかが強いことがほとんどであり、どちらの方向が強いかによって図1の1－①の方向性が強い場合と、その逆方向の図1の1－②の場合の2つがあります。

1 「左から右へ」の影響：運命論にならないように

「心身機能」→「活動」、「活動」→「参加」、「心身機能」→「参加」への影響［図1の1－①］

図1の1－①の例としては、たとえば脳卒中〈健康状態〉になったために、右手右足が麻痺した〈心身機能レベルの問題：機能障害〉場合、その結果歩くことが難しくなったり、また字が書けなくなったり、日常生活活動や家事も趣味の活動もできなくなったとします〈活動レベルの問題：活動制限〉。

また、同様に生活不活発病（廃用症候群）による全身のさまざまな廃用症候〈機能障害〉によって、歩行や身のまわりの行為や家事などが難しくなってきます〈活動制限〉。

これらは、〈機能障害〉が〈活動制限〉を引き起こしたものです。

そして、そのような状態では、たとえば冠婚葬祭に出られないことや自宅生活が継続できないこと〈参加レベルの問題：参加制約〉も起こりがちです。

この他に、たとえば顔面のアザや瘢痕（ケロイド）が就職の妨げになる、脳卒中の後に歩行の速さや距離は十分回復したのに「歩き方（歩容）がおかしい」ことで復職が困難になるなどの、「心身機能」から「参加」に直接に影響が及ぶ場合もあります。

これは「相互依存性」の中でも、左から右への、つまり「心身機能」から「活動」、「活動」から「参加」へ、などの方向への影響が強い例です（図1の1－①）。

しかし、3つのレベル（階層）間の関係がこれしかないと考えてしまうと、「運命論」になってしまいます。「片手片足が麻痺しているので、外を歩けないのも家事ができないのも仕方がない」、そして「それを解決するには麻痺を治すしかない」という運命論的に現状を見る

ことになります。

2 「右から左へ」の影響：今後の大きな課題

「活動」→「心身機能」、「参加」→「活動」、「参加」→「心身機能」への影響［図1の1－②］

一方で、図1の1－②に示すような、1－①とは逆方向に強く影響する相互依存性もあります。

（1）マイナス発生の因果関係

生活機能低下とマイナス面発生の因果関係から見ると、「参加」が低下すれば「活動」が低下するという関係があります。また、「活動」が低下すれば「心身機能」が低下します。

たとえば、定年退職や転居などで社会参加が制約されたこと〈参加制約〉によって、生活が不活発になります〈活動制限〉。それによって生活不活発病（廃用症候群）による廃用症候〈心身機能低下〉が生じます。

これは、「参加制約」が「活動制限」を引き起こし、それがさらに「機能障害」を引き起こしたものです。生活機能低下を引き起こす因果関係として、相互伝存性の中でも、右から左への、つまり「参加」から「活動」、「活動」から「心身機能」への方向の影響が強い例です（図1の1－②）。

（2）プラスを生むことに活用

次にこれを改善するには、たとえば、仕事以外の目的を作って外出する、あるいは家の中の役割を果たすこと（参加の向上）によって、外出中のさまざまな行為、家事行為などを行い（活動が向上：レパートリー・バラエティの拡大、「量」の増加）、それにより生活が活発化し、生活不活発病（廃用症候群）〈心身機能〉の改善も促進されます[注1]。

これが典型的な例ですが、このような「右から左へ」の方向の、しかも「プラスがプラスを生む」ような相互依存性を認識してアセスメントすることや目標・プログラムつくりは非常に重要で、「よくする介護」としての大きな可能性をもった方向です。ですが、現状ではまだ不十分なのは残念です。

このような方向性に立った個々の技術、プログラムの開発が今後の介護における大きな課題です。

注1 ▶ 生活不活発病（廃用症候群）の予防・改善は現在の介護の重要な課題であり、このような働きかけを生かしていくことは今後の大きな課題といえます。
⇨第8章参照

3 相対的独立性

次に大事なことは、相互依存性と並んで、生活機能の各レベル（階層）の間には、それぞれのレベルはかなりの程度に独立しているという「相対的独立性」もあることです（図1の2）。

たとえば、2 1.（「左から右へ」の影響：運命論にならないように）で述べた脳卒中の例（57頁）においても、足の筋力や麻痺〈機能障害〉が回復しなくても、「している活動」に対して安定した歩行補助具（ウォーカーケインや四脚杖・装具など）を使って、適切な介護（たとえば介助歩行による日常生活の遂行）をしていけば、やがて自立して歩けるようになり、立位で行うADL（洗面や更衣など）や家事なども自立する方は多いのです注2。

また、車いすとトイレ間のトランスファーが不自由になった場合〈活動制限〉に、まず心身機能レベルへの働きかけとして筋力増強訓練をするのではなく、その心身機能の状態でも可能なトランスファーのやり方を指導することで（活動レベルへの働きかけ）、改善が可能です。

ということは、「活動」レベルには「心身機能」レベルに対して相対的な独立性があるということです。つまり、適切な補助具を用いたり、元気なときとはやり方を変えたり、適切な介護を行ったりすれば、「心身機能」レベルが改善しなくとも（むしろ進行していくような場合でさえ）、「活動」レベルを向上させることができるからです。

ですから、「活動」は「心身機能」に完全に依存して（規定されて）いるのではなく、相当に独立性があるということです。これを「相対的」独立性というのは、「絶対的」独立性（全く影響を受けない）ではなく、影響は受けるがそれで完全に決まってしまうことはないという意味です。

このような「心身機能」と「活動」の「相対的独立性」を生かして直接「活動」レベルへ働きかけることは、「よくする介護」が可能な（介護でよくすることが可能な）大きな根拠ということができます。

なお、社会的サービスを使うことで、「活動」が向上しなくとも「参加」レベルの向上はできることがあります。これは「活動」と「参加」の間の「相対的独立性」です。

注2▶このようにして歩行や立位での家事が可能になることで、たとえば、主婦としての役割を果たすという「参加」レベルの向上も達成できます。これは「活動」→「参加」の相互依存性です。

コラム⑨

「介護は手伝うもの」と思われるワケ
— 「介護はよくすることができない」か？

　介護の直接的ターゲットである「活動」をよくするには、「活動」そのものに働きかけるのが最も効果的です。

　しかし、現実には多くの場合、「活動（生活行為）」をよくするには、心身機能レベルへの働きかけ、それもマイナス面である「機能障害」の改善がなければならないと考えられがちです。

　それは原因を突き止めて「根元から」治療するのが本当だ、それしかないという考え方から来ているように思われます。

　たとえば、「基本とする病気がよくなるか、麻痺などの機能障害がよくなるかしない限り、歩行やADL等の活動制限がよくなるはずはない」、そして「介護職は病気を治したり、機能回復訓練をしたりはできないのだから、我々には歩行やADL等の活動制限をよくすることはできない」、だから「利用者ができないで困っていることを代わりにしてあげることしかできないし、それがよい介護なのだ」ということです。

　このような考え方は、「介護は不自由なことを手伝うもの」で、「よくすることはできないもの」だという考え方につながっています。

　これは「よくする介護」の観点が乏しいことであり、介護自体の専門性の過小評価ともいえます。介護職においても、また他の職種や一般国民においても早急に払拭しなければならない根深い問題です。

4　生活機能低下の因果関係と解決の突破口は別

　ここで、**1**（3つの生活機能レベルの関係）で述べた相互依存性、相対的独立性を踏まえて別の観点から整理してみましょう。それは、「活動」「参加」が低下する因果関係と、向上へ向けた働きかけとの関係についてです。

1 生活機能低下の発生・進行の因果関係

図2に、生活機能低下の発生・進行の因果関係（**図2の1**）と、予防・改善の過程（**図2の2－①、2－②**）とを、対比して示しました。

まず**図2の1**に示すように、「健康状態」から生じた「機能障害」によって「活動制限」が起こり、この「活動制限」の結果、「参加制約」が生じるという問題発生の因果関係です。

これは**図1の1－①**で示した（左から右へ）の方向の相互依存性のみで考えたものです。

図2　生活機能低下発生・進行の因果関係と予防・改善の過程とは別

1　生活機能低下発生・進行の因果関係

健康状態（病気等） → 機能障害 → 活動制限 → 参加制約

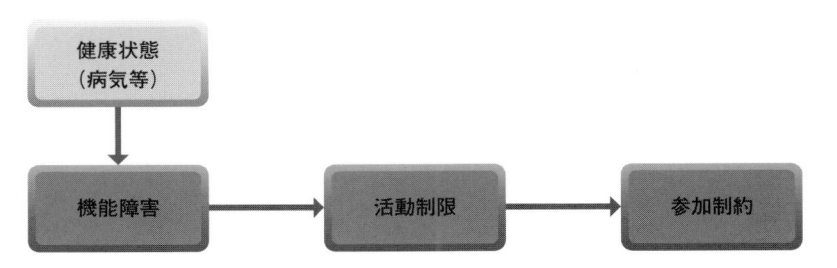

2－①　生活機能向上のキーポイント―活動向上の方法（1）

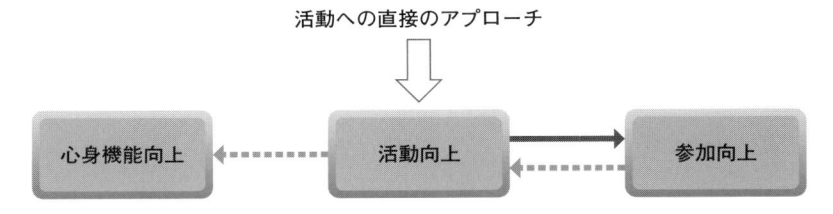

活動への直接のアプローチ

心身機能向上 ← 活動向上 → 参加向上

2－②　生活機能向上のキーポイント―活動向上の方法（2）

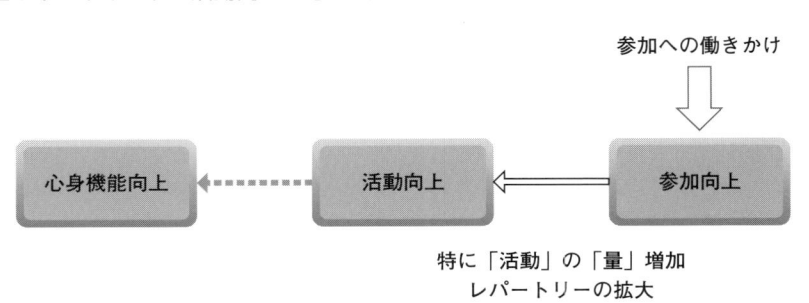

参加への働きかけ

心身機能向上 ← 活動向上 ← 参加向上

特に「活動」の「量」増加
レパートリーの拡大

第3章　生活機能の3レベル間の相対的独立性

こういう原因・結果の関係を見て、これまでは、解決の方向、つまり「活動」や「参加」をよくする方向も、左から右へという同じ方向、つまり原因である「健康状態」（病気）や「機能障害」を治すこと、いわば「元から治す」他はないと考えがちでした。

2 問題解決の突破口

しかし実は、はるかに効果的な問題解決の方法があります。

それは、一つには図2の2-①のように「活動」自体（すなわち、個々の生活行為）に働きかけて、活動の自立性を直接向上させることです。これによって、機能障害がよくならなくても、場合によっては徐々に悪くなっていくような場合でさえ、「活動」を向上させることができます。

これは、先にも述べたように生活機能の各レベルは「相対的独立性」（図1の2）を有し、「活動」の「心身機能」に対する相対的独立性は大きいので、「心身機能」を改善しなくとも「活動」は改善できるということです。

これが「よくする介護」の最も基本となる技術です。

もう一つは図2の2-②で示したように、「参加」に直接働きかける（社会・家庭内役割をつくる、社会的サービスの利用、ボランティアの活用など）ことで「参加」が向上し、その結果「活動」が向上（特に活動のレパートリーの拡大、「量」の増加）するということです。これは図1の1-②の「右から左へ」の相互依存性の活用です。

活動レベルの問題解決の方法を考える場合、「環境因子」を考えることは大事です。しかしこの場合、すぐに住宅改修のように「活動」の「阻害因子」になっている「環境因子」を除くのがベストではありません。活動自体を向上できないかを考えることが大事です。ここに介護の技術が求められるのです。

3 原因・結果の因果関係と解決の突破口は別

以上をまとめると、生活機能低下発生の因果関係と問題解決の突破口とは必ずしも同じでなく、特に介護がかかわるプロセスにおいては別なことが多いということです。

介護が必要となるような状態（活動制限）を起こした原因は「健康状態」と、それによる「心身機能」低下であっても、それを解決する（「活動」を向上させる）ための働きかけは、「健康状態」・「心身機

能」でなく、直接的に「活動」に関与することで向上できるということです。

> **コラム⑩**
>
> ## 生活機能の階層構造：最も上位は「参加」
>
> 　生活機能の3つのレベル（階層）である、「心身機能」・「活動」・「参加」は生活機能モデルの図（第1章：**図1**（18頁）、第2章：**図1**（47頁））で見ると横に並んでいますが、決して並列的なものではなく、実は上下の「階層構造」をつくっているものです。階層構造とは、ある複雑なものごとを、いくつかの階層（レベル）の積み重ねという立体的な構造としてとらえることです。
>
> 　生活機能の3つのレベルは本来「参加」を最も上位においた階層性をもつものです。生活機能のうち最も重要なのは「参加」です。たとえば「身体機能」である「まひの程度」と、「活動」である「ADL自立度」と、「参加」である「どのような社会生活を送るのか」（自宅生活を続けられるか、施設に入るか、家族・友人・地域とのつながりがどれだけあるか、など）の3つを考えた場合、その人にとって最も大事なことは参加レベルであることはいうまでもないでしょう。
>
> 　つまり、このように大事な「参加」が、一番上の階層であり、その下の階層に「活動」、そして一番下に「心身機能」という最も要素的な階層があるのです。階層が下になるほど要素的で、上にいくほど複雑で総合的になっていきます。
>
> 　上の階層の項目はいわば「目的」を設定しているのであり、その目的を実現するために、下のレベルの多種多様の組み合わせがその目的ごとに選ばれると考えればよいでしょう。

第4章

ICFの視点に立った介護のあり方
―「よくする介護」の考え方と進め方

1 「助けるだけの介護」から「よくする介護」へ
　―最良の介護とは
2 ICFに立った「目標指向的介護」
3 「活動」の目標：レパートリー、バラエティ、量
4 生活機能モデルで見た介護サービス

　「よくする介護」とは、生活機能（特に活動・参加）をよりよい状態にするための技術です。それは、その人ならではの目標に向かって行っていく「目標指向的介護」であり、ICFの介護での臨床実践に他なりません。

これまでICFそのものを中心に述べてきて、その中で必要に応じて介護のことにも部分的に触れてきました。この章では介護のあり方を全面的に取り上げ、ICFが「最良の介護」を実現するためにいかに有力な助けとなるかを見ていきたいと思います。

1　「助けるだけの介護」から「よくする介護」へ　—最良の介護とは

1　介護の対象は「人」

　介護の対象は、活動の不自由をもっているひとりの「人間」です。不自由な生活行為（活動制限）そのものではなく、人が対象なのです。

　この「人」の見方も「障害」（生活機能低下）というマイナスだけでなく、「生活機能」というプラスの面ももっている「人」として見ることが大事です。

　これは、当然のことと思われるかもしれませんが、これまでは、病気や障害があると、そういうマイナス面をいかに早く見つけ出すか、そして、いかにマイナスを減らすか、補うかといった考え方が中心でした。介護においても「不自由な行為」というマイナス面を中心として見てきたのです。

　しかし、介護は何のために行うのかを考えてみましょう。介護の目的は、介護を必要とする「人」がよりよい人生・生活を送れるようにするということです。これは「人」が対象であり、「よりよく」というプラスを生み出すことです。

　そのような介護を実践するためには、ICFに立つことで利用者・患者や障害のある「人」について、生活機能をそれに影響する「健康状態」や「環境」・「個人因子」も含めて「生活機能モデル」としてまさに人が「生きることの全体像」を、「分析に立った総合」としてとらえることが必要です。そして、マイナス面だけでなく、プラスの面を見つけ出す、それも「専門家の目で積極的に引き出す」という考え方へと変わることが求められるのです。

2　最良の介護とは

　ここで、「最良の介護」とはどういうものかを考えてみましょう。それは、一言でいえば、これまでの「助けるだけの介護」ではなく、

「よくする介護」ということです。

これまで、介護とは"目の前の「不自由なこと（活動制限）」を「手伝うこと（マイナスを補うこと）」"と思われがちでした。しかし、介護によって"「人」の状態を「よくする」"ことができるのです。不自由な生活行為（「活動制限」）をよくし、それによって、社会や家庭での役割（「参加」）も向上させることができます。

「よくする介護」[注1]として大事なのは、介護の対象を生活上の不自由だけではなく、「人」全体であるとしてとらえることです。そして、「よくする」のは現時点の状態だけでなく、むしろ将来の状態だということです。すなわち、将来の目標をもち、その実現に向けて（目標指向的に）現在の働きかけを行うことです。

そうではなく、改善の可能性があるにもかかわらず、目標をもたずに、目の前の不自由を手伝うだけであれば、せっかくの改善の可能性を阻害することになりかねません。生活機能モデルに基づいて把握し、その人ならではの個別的目標設定とプログラムを進めていくことが効果的です。

3 「している活動」の意義

「よくする介護」では、「している活動」を主なターゲットとします。ここで大事なことは、「している活動」とは、目の前の不自由さ・状態だけではなく、「参加」の具体像であるなど、さまざまな意義をもっていることです。目標となる状態（「する活動」）と、それを実現する途中のステップでの「している活動」としての意義もあります。これらを総合判断して現状での「している活動」のあり方とそれを実現する介護の関与のあり方を決めていきます。

➡第2章⓾「している活動」の意義参照

4 介護を必要とする人をめぐる世の中の流れの変化

このように、介護の中にICFの活用が求められるようになったことの背景としては、世の中の大きな流れもあります。

（1）当事者中心

介護に関しても、利用者の尊厳と自己決定権の尊重が強調されています。介護だけでなく、患者・障害のある人など、当事者自身が積極的に専門家に対してもリクエストをし、意見をいい、また質問をするのが望ましいという大きな流れがあります。

注1▶「よくする介護」の「よくする」内容は生活機能です。介護の具体的ターゲットは「活動」レベルが中心で、そこから「参加」レベルにもよい影響が及ぶことが普通です。また、「心身機能」にもよい影響が及ぶことはあります。

しかし、「心身機能」を直接よくするような働きかけではありません。また、不自由な「活動」を単に「補う」ものでもありません。

これは当然のことですが、今まで不十分でした。専門家が責任をもってプログラムを立てて、実行することが重要なのは変わりありませんが、いまやそれだけでは十分ではないのです。

ICFは当事者中心の、専門家と当事者との「共通言語」として相互理解と連携を図り、そして専門家が当事者の自己決定を支えるための重要なツールです。

⇒第7章参照

（2）多職種によるチームワーク

もう一つの介護をめぐる大きな流れとして、一人の介護を要する利用者に対してさまざまな専門職やサービスが関与するようになり、その人の状態について多数の専門家が共通の認識や目標をもって対応する必要性が出てきたことがあります。

同じ時点において、いわば「横」にさまざまな専門家・人々やサービスが関与し、また時間的な流れに沿った「縦」の連携もあります。

ここでも「共通言語」であるICFが大きな力を発揮するのです。

⇒第1章7「共通言語」とは参照

2　ICFに立った「目標指向的介護」

ここで、「よくする介護」というのはどういうことかをより具体的に考えてみたいと思います。

「よくする介護」という言葉だけですと、ムード的・スローガン的に何となくわかった気になりがちですが、それだけでは「何をすればよいか」という実践の指針とはなりません。これを本当に実行するにはICFに立った、次の2つのポイントがあります。一つは問題を分析的・総合的に把握することと、もう一つは将来像である目標を設定し、目標に向かって（目標指向的に）介護を進めることです。

⇒第5、7章参照

「よくする介護」とは、「最良の介護」とはどうあるべきかを、臨床実践とICFに立った理論的考察とを重ねながら追求した結果、到達したものです。これはより理論的にいえば、具体的な目標をはっきりと定めて、それに向けて介護を行っていく「目標指向的介護」です。これは、ICFを介護現場でどう生かすかという臨床実践にほかなりません。

その具体的内容を、**1**（「助けるだけの介護」から「よくする介護」

へ）で述べたことも含め、まとめたのが70頁の**表1**です。

「よくする介護」（目標指向的介護）は、不自由なこと（生活機能低下）がある人に対し、「よい状態にできないか？　そのために介護職として何ができるのか？」と考えていきます。そのように考え、ICFに立ってアセスメントをして、その人ならではの目標とそれを実現するプログラムを立てます。

介護の具体的ターゲットである「している活動」を中心として、生活機能モデルとして"生きることの全体像"をとらえて、評価・働きかけ・目標・プログラム作成などを行います。そして「活動」については、目標とするレパートリーとバラエティを明確にして個々の「活動」に働きかけていきます。

これらのプロセスはICFを「共通言語」として活用して、介護職だけでなく、他職種とのチームワークを発揮し、そして本人の自己決定権の尊重をしながら行っていきます。

この具体的な内容は、それぞれ章をあらためて、アセスメントについては第5章、具体的働きかけの内容は第6章、目標設定・自己決定尊重・チームワークを第7章で詳しく述べています。

3　「活動」の目標：レパートリー、バラエティ、量

1　「参加」の具体像として「活動」を位置づける

「よくする介護」（目標指向的介護）の目標と、現状での介護の対象として重要なことは、まず「活動」のさまざまなレパートリーの中の優先順位（どれを優先して取り上げるか）と、その一つひとつの「活動」項目のさまざまなバラエティの中からどのような方法を選ぶかです。それら「活動」の目標は、実はその人の将来の「参加」のあり方（目標）から決まってきます。　　　　　　　　　●第7章参照

「参加」という大きなことと、一つひとつの「活動」への介護がどう関係があるのかははじめはわかりにくいかもしれません。しかし、人生とは1日1日の生活からなるもので、その生活の具体像は「活動」のさまざまな項目と、その具体的なやり方からなるものです。ですから、一つひとつの「活動」についての介護は「参加」に大きな意味をもつのです。　　　●第2章**9**1「活動」は「参加」の具体像参照

2 セルフケア最優先ではない

では、よくする介護の対象として、まず「活動」のレパートリーに関して考えてみましょう。従来はともすれば介護の対象を「活動」のうちのセルフケアに限ったもの、と狭くとらえる傾向がありました。確かにセルフケアは最も基本的なものではありますが、利用者・患者の家庭内や社会内での生活（[参加]）にはもっと広い範囲にわたる「活動」全般が大きく影響するので、これらすべてを見る必要があります。すなわち、活動の「レパートリー」の数が多く、範囲が広いことが大事なのです。

セルフケア以外の「活動」も介護によって向上させることができま

表1 「よくする介護」の基本的な考え方──ICFの視点に立った「目標指向的介護」

1．よくする介護の対象は「生活機能低下（障害）のある人」とその人の生活・人生全体
　①「している活動」を中心に、生活機能モデルとしてとらえる
　　：他の生活機能及び「因子」からの「している活動」への影響、逆に「している活動」からの影響を見る
　②「参加」とその具体像としての「活動」を「セット」で考える
　　：一つの「参加」が複数の「活動」とセットをなしている
　③家族・介護者の疾患・生活機能低下にも留意
　　：第三者の状態が利用者本人にも悪影響を与える（悪循環）ので重要
　④「心身機能」が「活動」・「参加」を規定するという考え方に陥らないないように気をつける
2．よくするのは現時点だけではなく、将来を考えて：目標設定が重要
　①目の前の問題点への対応を最優先するのではない
　②「目標指向的アプローチ」
　③「活動」の目標はレパートリー（項目）、そのバラエティ（やり方）
　　：「する活動」をそれぞれについて設定
　④特に「活動」「参加」の向上を重視
　　：「参加」の具体像として「活動」を位置づける
　⑤一人ひとりについて個別的・個性的で具体的なもの（単なる方向性ではなく）
　⑥目標を達成するまでの具体的な道筋（プログラム）を含む
　⑦実現可能なもの（その中での最良の選択）：正確な予後に基づいた目標設定
3．よくする観点から「している活動」に働きかける
　①「している活動」の意義を重視
　②「活動」向上に向けた技術向上の手がかりを見つけるアセスメント
　③介護自体がアセスメント
　　：工夫しながら向上を
　④「する活動」向上に向けた「している活動」の向上
　⑤「している活動」向上の技術を深める

すし、介護保険制度上の報酬の対象を重視して、介護の対象を狭めるべきものではありません。利用者によっては、セルフケア自立よりも優先されるべき活動の項目もあるのです[注2]。

この目標とする「活動」項目の選択にはインフォームド・コオペレーション（情報共有に立った協力）による自己決定権の尊重が不可欠です。

◯第7章参照

注2▶ICFでは「活動」を、セルフケア（第5章）だけにとどまらず、家庭生活（第6章）、対人関係（第7章）、仕事・経済生活（第8章）、コミュニティライフ・社会生活・市民生活（第9章）等の活動を含めて、生活行為全般として広くとらえます。

3 ｜「よくする」対象：生活不活発病（活動の「量」）

介護を必要とするような人は普通、既に「生活不活発病」（廃用症候群）を多かれ少なかれ起こしており、よほど工夫をしてそれを防ぐのでなければ、どんどん「生活機能低下の悪循環」（第8章参照）が

4．よくする専門的技術でプラスを引き出すこと
　①マイナス面だけでなくプラス面も見る
　②「潜在的生活機能」の発見・開発が重要
　　：残存機能だけではない（プラスはマイナスの単なる逆転ではない）
〈注意〉介護のやり方によってむしろ将来の生活機能を低下・悪化させることもあり得ることを自覚し、過介護、不適切な介護、過度の環境改善を避けるべき

5．よくするには、「生活不活発病」・「生活機能低下の悪循環」の予防・改善を重視
　①生活不活発病を進行させる「生活機能低下の悪循環」を防ぎ、良循環とする
　②予防・改善の要（かなめ）は「生活全般の活性化」

6．真のチームワークとして働きかける
　　：同一時期の（横の）チームワークと、時間的連続性をもつ（縦の）チームワーク
　①各職種の寄せ集めである「分業」ではなく、チーム全体としての英知を集めた「協業」として行う
　②介護だけでなく、関与するチーム全体として最良の効果を挙げることが大事
　③目標・プログラムはチーム全体のもので、それを達成するために必要な役割分担をする
　④各職種がバラバラに作った目標やプログラムの合算が、チーム全体としての目標・プログラムなのではない

7．利用者・家族との「インフォームド・コオペレーション」（情報共有に立った協力関係）が前提
　　：自己決定権を尊重、尊厳の重視
　①専門家と利用者・家族との共同作業（コオペレーション）として目標設定とプログラムを進める
　②真のニーズとデザイア（欲求）・デマンド（要望）・プロブレム（問題点・課題）とを明確に区別する

進行していきます。意識して生活不活発病を改善し、「生活機能低下の悪循環」から脱却し、「良循環」を作る必要があります。「よくする介護」の「よくする対象」として生活不活発病を明確に意識することが大事です。

生活不活発病は、日頃の生活を活発に送っていること（生活全般の活発化）によって予防し、改善することが基本です。そのためには、目標を設定する際に、この「活発な生活」の具体像をよく考えることが重要です。

　　　　　　➲第2章**7**活動の「量」と「生活の活発さ」、第8章参照

4 | 自立だけを目指すのではない

「活動」が自立するのは望ましいことですが、「よくする介護」が目指すのは自立だけではありません。「自立しなければ意味はない」と考えてはならないのです。

たとえば、現状ではある「活動」項目の自立度が低く、家族だけでは介護しきれず、介護保険サービス等の公的サービスに依存しなければならなかったものが、介護職の働きかけにより自立はしなかったけれども、家族が介護するだけで行えるようになり「参加」が向上する場合があります。また、家族と一緒に外出できるようになった場合や、入浴が家族の介護だけではできなかったため入浴サービスを受けたりしていたものが、家族だけの介護でも行えるようになったような場合です。

5 | 「安楽な介護」："安楽が本人のため"という隠れ蓑

目標を立てずに目の前の不自由なことを手伝うことが、なぜ最良の介護ではないか、について考えてみましょう。

これは、たとえばベッドからの起き上がりや、車いすへのトランスファーを、なるべく本人が力を入れなくてもできるだけ安楽にできるように介護するのが、上手な介護方法なのかどうか、ということにも関連します。

(1) 安楽さへの留意点

安楽さを優先することは、以下につながるということに留意するべきです。

①将来の"活動"向上への働きかけをなくすことになります。「活動」のレパートリーを拡大し、またバラエティとしても向上させ得るの

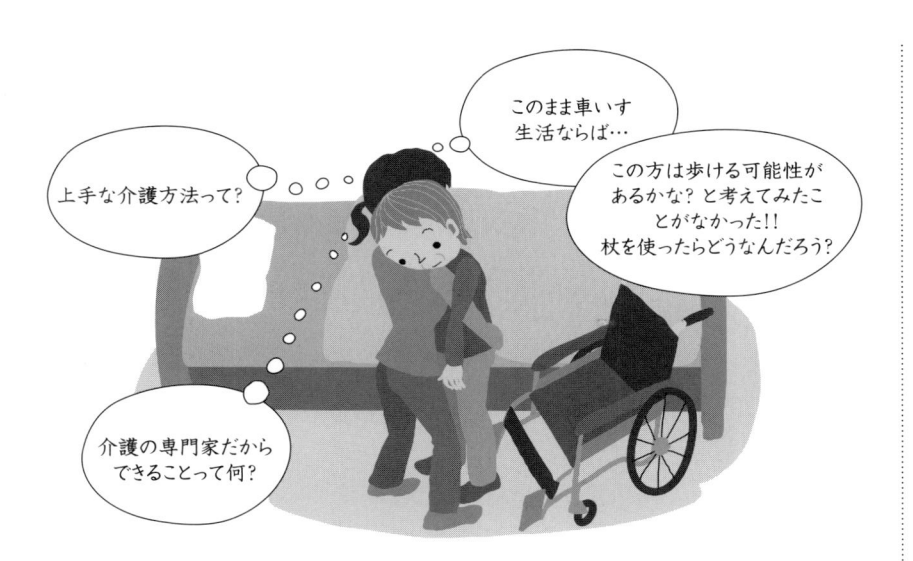

に、低くとどめてしまうということです。それによって、「参加」向上の機会を妨げることにもなります。

② 日常の自然の生活でその行為を行うという機会を奪ってしまい、体を動かすことが少なくなり、生活不活発病（廃用症候群）の発生原因をつくることになります。

③ これは介護者の価値観で判断し、いわばそれを押しつけていることであり、自己決定権を尊重していることにはなりません。

これらのことによって、プラスを生まないだけでなく、マイナスをつくることになるのです。すなわち、不適切な介護ということになります。

（2）安楽さを優先する際のプロセス

もちろん、安楽さを優先した方法を選択する場合もあります。しかしそれは、本人の自己決定権を尊重したステップ（インフォームド・コオペレーション：第7章参照）に沿ってその方法を選択した結果の場合です。その場合、安楽さを優先した場合とそれ以外の選択肢のそれぞれのプラスとマイナスを提示する必要があります。

"安楽が本人のため"という隠れ蓑を使わないようにしましょう。

もし、不自由なことを手伝うだけの介護であってよいのなら、介護の専門性とは何かもわからなくなってしまいます。単に「手際よく介護する」ことが専門性が高いことではないのです。

また、不自由なことを手伝うだけの介護であれば、ICFは必要ないのです。

6 自立が最良の状態か？

目標指向的に考えれば、自分のことは自分でやれること（自立）が必ずしも常に最良だとはいえない、ということを考えてみましょう。それは「ある時点での自立が、将来におけるより願ましい形での自立を妨げる（実現を遅らせたり、実現できないようにする）ことがある」ということです。

一般的には、介護を必要とする状態よりも自立が望ましいことは確かです。しかし、その時点の目の前のことだけを考えて行うと、長期的にはマイナスになることも少なくないのです。

すなわち、一つの活動項目についてさまざまにあるバラエティの中で、ある方法であれば自立している場合でも、将来の「活動」及び「参加」向上を目指して、あえて当面は介護することを選択し、それを通じて、将来の「活動」を向上させることも少なくありません。

たとえば、「車いす自立」をまず実現するのか、そうではなく、「している活動」を初めから歩行自立を目指して介助歩行で進めるのかということがあります。実は、歩行を介護して行ったほうが、より早期に自立歩行を達成することができる場合が多いのです。

◯第6章参照

コラム⑪

介護を必要とする人の現状維持は難しい
― 「現状打破」を

介護を必要とする場合、家庭生活や社会生活の上では、本人だけでなく、家族も行き詰まって将来展望を見失っていることが少なくありません。

このような状態で、いま目の前にある問題点だけに応えようとすることは、「今より悪くなることだけは防ごう」という「現状維持」を目指すことになりがちです。しかし、実は現状維持を目指したのでは現状の維持さえもできず、心身の状態や家庭生活・社会生活上の悪化を阻止することはできない場合がほとんどです。現状維持ではなく、現状を打破する具体的目標がないかを十分に検討しなければなりません。

4 生活機能モデルで見た介護サービス

　介護は直接的に「活動」に働きかけますが、その効果は働きかけた活動項目だけに限られるものではなく、他の活動項目を含めた生活機能全体に大きな影響を及ぼすものです。したがって、どのようなプラスの効果があるか（「促進因子」か）、またマイナス面の影響を及ぼしていないか（「阻害因子」か）を、生活機能モデル全体として見ていくことが大事です。

　また、他の働きかけ（関連サービスによる）がどのように影響するのかを考えることも大事です。介護とさまざまな職種やサービスとの連携が求められています。他職種のサービスの役割をICFの生活機能モデルに位置づけてとらえることで、それらが生活機能向上にどのように貢献するのかを正しく位置づけて理解することができます。そして、利用者の生活機能のどのレベルのどの項目を向上させるために、他の職種やサービスと、どのように協力するかを把握することができます。

　図1にICFの生活機能モデルに立って介護および関連するサービス（一般医療・リハビリテーション・福祉用具・住宅改修、等々）を位

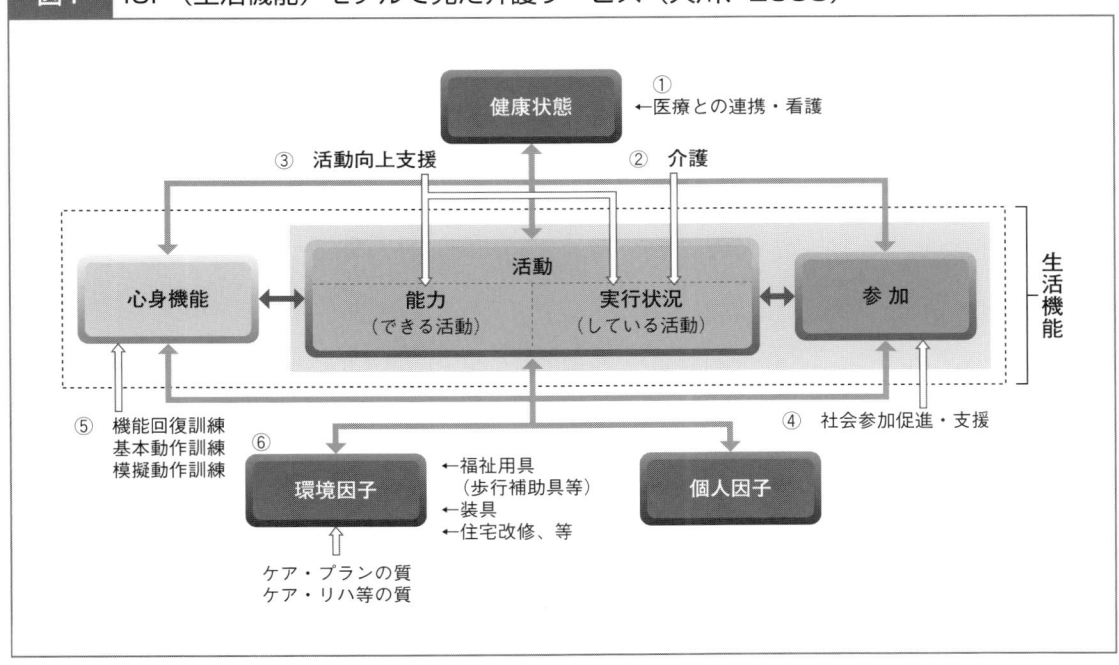

図1　ICF（生活機能）モデルで見た介護サービス（大川、2003）

第4章　ICFの視点に立った介護のあり方

置づけたものを示します。これは、次のような内容を示しています。
①健康状態の管理：かかりつけ医等の医師・看護師等との連携
②直接「している活動」への働きかけ：介護
③活動向上支援：活動の能力と実行状況の両者に対して働きかける。介護は主に実行状況への働きかけであり、活動向上支援の重要な一部を担う（第6章❸活動向上の進め方参照）
④直接参加レベルへの働きかけ：社会参加促進・支援
⑤直接心身機能レベルへの働きかけ：機能回復訓練・基本動作訓練・模擬動作訓練など
⑥環境因子：福祉用具（歩行補助具等）、装具、住宅改修、等。また、リハビリテーション・介護・ケアプランなどの質

> **コラム⑫**
>
> ### 一般医療との連携の重視
>
> 　生活機能低下は「健康状態」（疾患）によってもたらされることが多いものです。その場合、「健康状態」の問題がなくなって生活機能低下だけが残る場合もありますし、「健康状態」と生活機能低下が共存している場合も少なくありません。
>
> 　生活機能低下のある人に対して積極的な働きかけをする際に、それが安全に最大限の効果を挙げることができるためには、身体的負荷の内容・程度が適切であるかどうかについての医学的判断が常に必要です。
>
> 　また、生活不活発病（→第8章）予防・改善のためにも、どの程度体を動かすべきか、もし動かすことに制限があってもどのようなやり方であればしてよいかという「活動度」について、適切な医学面からの指導がなされることも望まれます。病気があるために動いてはいけない、無理をしてはいけないと思い込んでいる方は多いものです。

コラム⓭
「手助け」の意味

　ここで目の前の不自由なことに対し、「それを手助けしてはならない！」といっているわけではありません。その不自由なこと（活動の項目）をきっかけとしてICFの生活機能モデルに沿って整理してみてくださいということです。全体像として把握して、その中に目の前の不自由（「活動」）を位置づけてみることが大事なのです。

　きっかけとなった項目が、「活動」のどの項目（レパートリー）でどのようなバラエティなのかをまずつかむことです。そして、よくする観点で見た場合に、生活機能全体の中でその「活動」項目（レパートリー）・バラエティはどういう位置づけになるのかを見て、「生活機能低下のある人」として、どう働きかけるか（介護するのか）を明らかにしていくのです。

第5章

ICFに立ったアセスメント
―「よくする介護」を行うために

1　アセスメントの目的：目標・プログラム設定
2　「よくする」の観点からのアセスメント
3　「活動」のアセスメントのポイント
4　「活動」の他の生活機能レベルとの相互関係・相互作用の重視
5　環境因子の活用：補完ではなく
6　「活動」向上に向けたアセスメントの際の具体的な心得
7　「介護の効果」を生活機能モデルで整理

　　アセスメントは「よくするための突破口」を見つけるための評価・観察です。
　　「活動」のマイナス面を見つけるだけでなく、利用者の「生きることの全体像」を把握し、「よくする」ための手がかりを見つけ出すのです。
　　介護自体がアセスメントです。「もっとよくできないかな？」「よくするヒントはないかな？」と考えて介護することがアセスメントにつながります。

1 アセスメントの目的：目標・プログラム設定

1 「生きることの全体像」の把握

　介護の対象となるのは「している活動」が低下した、あるいは低下しかかった「人」です。介護の出発点は、個々の利用者を全人間的に理解・把握することであり、それがアセスメントです。

　そして、アセスメントの目的は、目標の設定と目標の実現に向けたプログラムづくりです。その基本的考え方をまとめたものを**表1**に示しています。

　「よくする介護」のプロセスは、一人ひとりの利用者について、最適の「望ましい人生」という個別的・個性的な目標を立て、それを同じく全人間的な、総合的なアプローチで実現していくことです。さらに、介護職だけでなく、さまざまな職種とともにチームとして働きかけを行っていく中で、チームとして最良の効果を挙げることが大事です。

　しかし、全人間的な理解・把握と目標設定、そして実現ということはいずれも非常に複雑な過程です。そのため、ときには見たり考えたりする範囲を自分の得意な面、興味ある面にだけ限るという、単純化の誘惑にかられがちになります。しかし、それでは介護本来の目的が達せられないだけでなく、逆効果になることさえ稀ではありません。いかに善意で行ったとしても、害をなすことがあり得るのです。

　そのときに役立つ有力なツール（道具）がICFであり、その「生活機能モデル」に立つことで、このように複雑なものを複雑なままに整理して、「生きることの全体像」をとらえ、さらに、それをさまざまな職種が同一の考え方（共通言語）として共有することが可能になるのです。

2 生活機能モデルの中での「している活動」の把握

　介護が直接的に対象とし、向上させるのは「している活動」です。
　そのアセスメントの中心は「している活動」の現状を正確に把握することです。そして、その目的は「している活動」を中心にどう働きかけるかという目標設定と、それを実現するためのプログラムづくりです。

　重要なことは、介護の直接の対象は「している活動」ですが、介護

> **表1** 目標指向的介護におけるアセスメントの基本的な考え方（大川、2008）―ICFの視点から

> 1．介護福祉士は「している活動」（実行状況）の専門家
>   ①「している活動」を向上させる目的で「している活動」の綿密な把握を
>   ②「している活動」のもつ意義からの分析
> 2．生活機能を「よくする」観点から見る
>   ①アセスメントは単なる現状評価でなく、最良の働きかけの内容（目標設定・プログラム：チーム全体としての、また介護福祉士としての）を明らかにするためのもの
>   ②介護の対象は介護を受ける「人」であり、その人の生活機能を「よくする」ことが目的
>   ③不自由な生活行為（「活動制限」）を中心として見るものではない
>   ④活動の向上を通じて、生活機能をよくする観点でアセスメントする
> 3．介護すること自体が「している活動」のアセスメント：「活動」向上の可能性を見る
>   ①「今後どのような介護のやり方がよいか」を常に考えながら介護していく
>   ②「している活動」をレパートリー、バラエティ、「量」の面から見る
>   ③介護のやり方（含：声かけ、促し等）を変えることによる活動の容易さ・困難さの変化は大きなヒントとなる
>   ④当面の「不自由さを手伝う」観点で介護するのではない
>   ⑤「している活動」と「できる活動」の違いとその原因の分析は大きなヒント
> 4．生活機能モデルの中に「活動」を位置づける：分析と総合
>   ①「している活動」を中心に、生活機能モデルとしてとらえる
>   ②抜けもなく、偏らないで「生きることの全体像」を把握する
>   ③「生活不活発病」「生活機能低下の悪循環」を呈していないかを見る
> 5．介護は「環境因子」―よりよい「促進因子」になるために
>   ①介護福祉士そのもの、また介護のやり方は利用者にとって「環境因子」
>   ②「促進因子」ともなるが、「阻害因子」にもなり得ることを考える

の対象は、あくまでも「人」だということです。そして、介護の目的はそれによって利用者の生活機能（特に活動、参加）を向上させることですから、常に「生活機能モデル」の中での「している活動」の位置づけを明確にしながら考えていくことです。特に、「活動は参加の具体像」ということをアセスメントにおいても常に考えておくことが大事です。

◯第2章 **9** 1．「活動」は「参加」の具体像、**10**「している活動」の意義参照

2 「よくする」の観点からのアセスメント

1 「よくする」ヒントを見つけ出す

アセスメントは「よくするための」という、はっきりした目的をもって行うことが重要です。「活動」や「参加」が困難になっている状況やその理由だけでなく、それを改善するための働きかけのヒントを見つけようとするものです。

その際、単に自立度だけでなく、具体的なやり方を細かく見、問題点を明らかにしていきます。「なぜできないのかな？」「こういうやり方をすればできるのでは？」などと考えながら見ていくのです。

2 介護自体がアセスメント

「している活動」については、日常で介護していること自体がアセスメントです。そして、その中で観察したり、新しいやり方を試みてみてその結果を確認したりすることがアセスメントになります。

「何がどう困難か、できないか、不自由か」だけではなく、その中で「これができる」、そして、「どこを伸ばせば課題が達成できるのか？」「どうすればよくできるのか？」「こんなやり方なら上手になった」という「プラスの萌芽」を見つけ出すような介護が、日々の目標指向的介護の出発点です。

このような疑問をもち、観察し、新しいやり方を試みながら日々の介護をすることは、「よくする介護」の具体的内容を発見・開発するための"王道"ともいえるものです。　　　　　　　　　　○第4章参照

3 「活動」のアセスメントのポイント

ICFの視点に基づいた、「目標指向的介護」における「活動」のアセスメントのポイントを表2にまとめました。

アセスメントとはこれらを含めた総合的なものであり、決してあるアセスメント表を埋める（記入する）ということではないのです。

ここでは、「している活動」としての把握について説明します。

表2 目標指向的介護における「活動」のアセスメントのポイント（大川、2008）―ICFの視点から

1. 「している活動」としての綿密な把握
   （a）基本的な見方：一つひとつの項目について
   1）「している活動」（実行状況）と「できる活動」（能力）との明確な区別
   2）基本動作・模擬的動作と「活動」との区別
   ・「活動」は生活の場で、具体的な目的をもって行われるもの。一部分の要素だけを訓練するのは模擬動作（例：訓練室での単なる歩行訓練、箸で豆やブロックをつまむ）。
   ・在宅で行う訓練でも一部分の要素だけで具体的な生活行為（トイレまで行って用を足すなど）と結びついたものでなければ「活動」の訓練とはいえない。
   3）推測と区別：直接的な観察・確認が必要で、"できるはず""しているはず"ではいけない
   4）「している活動」と「できる活動」の解離の原因の明確化（予後予測の鍵となる）
   （b）具体的に見ること
   ・「活動」のバラエティ、自立度、「量」の視点から具体的に把握する
   （c）「活動」のレパートリーを広く見る
   ・できるはずない、必要ないはずだと、狭い範囲の活動項目しか見ていないことはないか？
   （d）「活動」は「参加」の具体像―両者のセットを具体的にとらえる

2. 他の生活機能レベルとの相互関係・相互作用の重視
   ・生活機能モデルとしての把握
   ・「活動」への直接的対応は他のレベルにも大きく影響する
   ・「活動」の「心身機能」への影響も重要
   ・他のレベルへの対応が「活動」にも影響する
   ・同時に相対的独立性をも重視

3. よくする働きかけは十分なされているか？
   1）「活動」一項目ごと改善の可能性は？
   ・バラエティ拡大の可能性は？
   ・一応「自立」であっても「限定的自立」から「普遍的自立」へと向上できないかを見る
   2）レパートリー拡大の可能性は？
   ・セルフケア（身辺ADL）にとどまらず、家庭生活、仕事・経済生活、地域・社会生活等の活動を含めて生活行為全般として広くとらえ、レパートリー拡大の可能性を探求する
   3）活動の「量」、「生活の活発化」への働きかけは十分か？
   4）向上の手段としての「環境因子」の活用
   ・活動の不自由さを補う環境因子の提供の前に、「活動」そのものを向上できないか、そのために役立つ環境因子（例：よくする介護、活動向上訓練、歩行補助具）は何かを考える

4. チームとしてのアセスメント
   ・介護職が最善を尽くすとともに、利用者・家族を含むチーム全員がICF（特に生活機能モデル）を「共通言語」として共有し、チーム全体としての最良の総合的アセスメントをする

1 「している活動」と「できる活動」の両者を把握し、解離に注意

「している活動」と「できる活動」には大きな解離があります。活動向上のためにはこの両者をともに正しく評価・把握し、そしてこの両者の差の原因を分析することが重要です。この差の原因には多くのものがあります（40頁の**表1**：「できる活動」と「している活動」の差を生む因子）。これらを具体的にとらえることが必要で、それをしないで「できるのに、していない」、だから「意欲がない」と本人のせいにすることは厳に慎まなければなりません。

全く同じ場所で同じ行為を行っていても、時間やその他の状況によって違ってくるので、それをその状況や条件も含めてアセスメントすることが大事です。たとえば、排泄のやり方の夜間と昼による違いは多いものです。また、着用している衣服によってやり方が変わる場合もあります。

「できる活動」のアセスメントとしては、姿勢（立位か、座位か、もたれ方、など）・移動（目的行為が行いやすい適切な足の位置に止まれるような歩き方など）の方法を工夫していくことや「活動」を向上させると考えられる物的環境因子を試してみたりすることをします。

2 模擬的動作と「活動」との区別

訓練や評価として行う模擬的な動作の評価で、実生活での状況を類推することは不可能です。　　　　　➲第2章 9 3．模擬動作参照

3 推測と区別：実際に観察して

「活動」の評価とは、実際に観察・確認したものでなければなりません。「しているだろう」「できるだろう」「できないはず」などとして推測したものであってはならないのです。

推測した場合は、「推測」であることと、そのように推測した根拠とを明示する必要があります。たとえば、「"実行できるはず"と推測」した場合を「自立」としたり、「"できるはずない"と推測」したものを「全介助」としたりしてはならないのです。

実行していない場合は自立度としては「非実施」です。「全介助」は介助をされても行われているものです。行っているかいないかは全く異なるので、各々を別物とすることが大事です（コラム14参照）。

コラム⑭

「活動」の評価点基準

ICFの「活動」評価に関連深いものとして、厚生労働省社会保障審議会統計分科会生活機能分類専門委員会が決めたICFの評価点基準（案）を示します（表3）注1。

表3　「活動」の評価点基準（暫定案）

実行状況

評価点	評価	内容
0	普遍的自立	生活の場以外での環境（外出時、旅行時などにおける環境）においても自立している
1	限定的自立	生活の場（当人の状況に応じて自宅、自宅の一部、病院、施設など）およびその近辺の、限られた環境のみで自立している
2	部分的制限	部分的な人的介護（※）を受けて行っている ※「部分的な人的介護」は「見守り」「促し」等を含む
3	全面的制限	全面的な人的介護を受けて行っている
4	行っていない	禁止の場合を含み、行っていない

※「能力」の評価基準は、表の内容の「している」を「（することが）できる」に、「行っていない」を「できない」になどと変えただけで、後は同じ。

注1▶臨床上、これまで、普遍的自立（評価点：0）と限定的自立（評価点：1）との区別、また全面的制限・全介助（評価点：3）と行っていない（評価点：4）との区別は明確になされていないことが多かったといえます。
　この評価点の考え方は自立度評価にも役立つでしょう。
●第2章⑥「自立」のとらえ方：限定的自立と普遍的自立

4　「活動」の他の生活機能レベルとの相互関係・相互作用の重視

表2（83頁）の2項目です。生活機能の把握の基本ともいうべきことですが、各生活機能レベルは他のレベルと相互に大きく関与し合っています。「活動」は「参加」や「心身機能」と深く関係し合っています（第2章⑨「活動」と「心身機能」「参加」との関係参照）。ですから、活動の各項目の具体的なやり方は他の生活機能レベルに大きく影響します。

「参加」は「活動」の状況によって大きく影響されます。また、「活動」の実施に際しては心身機能を活用しているため、「心身機能」レベルへの影響も大きいものです。

そのため、「活動」についてのアセスメントの際には、「活動」自体だけではなく、これらのものへの影響についても見ることが必要です。

特に「心身機能」についていえば、「活動」の実施時に、麻痺・筋

力低下や関節可動域などの心身機能がそれにどう影響しているかを正確に把握することは介護職には難しいかもしれません。「活動」に対する「心身機能」の影響の仕方は、かなりの専門的知識が必要な場合が多いのです。しかしこれは、「アセスメントの基本的な考え方」で述べたように、チームとしての英知を集めればよいのです。

　また、何より大事なのは、「心身機能」と「活動」には相対的独立性があり、原因の因果関係と解決の糸口は別ということです（第3章 **4** 生活機能低下の因果関係と解決の突破口は別参照）。「活動」に直接働きかけることで向上が可能なことが重要です。どのように、活動自体に働きかければ活動が向上するか、の視点から見ることが基本だということを忘れてはなりません。

5　環境因子の活用：補完ではなく

　不自由な生活行為（「活動」）をよくする（向上させる）には、直接「活動」に働きかける技術（これが介護ですが）の提供が基本です。

　ここで「よくする」というと、「楽にできるようにする」、「安全にできるようにする」というふうに思って、"代償的手段"、つまり"補完（補う）"のための環境因子の提供ということになりがちです。しかし、「よくする」とは「活動」そのものを向上させることであり、補完ではないので、環境因子を提供する場合も、「よくする介護」の手段としての活用に知恵を絞ることが大事です。

○第1章 **3** 2．環境因子参照

例1　入浴行為が困難ならば、「浴槽を変える」「手すりをつける」などの住宅改修や入浴サービスで代償的に、補完的に行うというのではなく、まずその入浴行為のやり方を指導することで「活動」そのものを向上できないかを考える（浴槽の変更は、入浴行為を向上させ得ないことを前提とした代償的手段です）。

例2　「歩行が不安定になったら車いす」ではなく、歩行補助具によって歩行が安定し、実用性が向上しないかを考える。歩行補助具はその種類の選択だけでなく、実生活の場での活動項目ごとの使い方の指導が十分かどうかをも見る。また、歩行の実用性向上によって歩行量増加や生活が活発化し、生活不

活発病（第8章参照）が改善し、歩行をより安定化できる可能性はないかと考える（車いすは歩行が改善できないことを前提とした代替的手段、歩行補助具は歩行向上の手段です）。

●第6章❹物的介護手段：歩行補助具を例に参照

6 「活動」向上に向けたアセスメントの際の具体的な心得

一つひとつの「活動」項目についてのよくする観点からのアセスメントの際には次のような点に留意するとよいでしょう。

①一つひとつの活動項目も多くのレパートリーの中の一つです。「活動」レベル全体の中での位置づけも必ずチェックしましょう。

②一つひとつの項目については、バラエティとして一応自立していても、限定的自立にとどまっていないか、普遍的自立（どのような環境でも自立して行える状態）にまで高めることができないかどうかを見ます。

③自立度だけでなく、具体的なやり方を見ます。これが適切か、不適切か改善の余地がないかを見るのです。

●第2章❽活動の詳細な把握参照

④「量」的な側面として回数・頻度を増やすことができないかということを、生活不活発病改善・予防に働きかける方向で見ます。

●第2章❼活動の「量」と「生活の活発さ」参照

⑤「している活動」として以上のように見て、「できる活動」として指導を試みるべき点を見つけていきます。「できる活動」の評価は「している活動」の評価と全く別に行うものとは限りません。

⑥「活動」への専門的働きかけが十分か、適切かを見ます。たとえば、現在の介護上の大きな問題である「つくられた歩行不能」（コラム21（129頁）参照）になっていないか、実用歩行向上への働きかけは十分か、生活不活発病や「生活機能低下の悪循環」を起こしていないかを見ます。　　　　　　　　　　　　　　●第8章参照

⑦さまざまな環境因子への専門的働きかけ方は適切かどうか。

以上の点で、不十分または不適切なことがあれば、それが向上のためのヒントとなるのです。

7 「介護の効果」を生活機能モデルで整理

　最初のアセスメントが重要なのと同じように、「よくする介護」を行った結果、どのような効果があったのかをアセスメント（判定）することも大事です。その際、生活機能モデルに沿って整理していくと偏りなく判断できます。その基本的な視点を以下に挙げますが、これは介護技術の研究においても効果的です。

1 ｜ 生活機能のどのレベル（「参加」「活動」「心身機能」）が改善・変化したのかを分析的に見る

　利用者の状態がよくなったと思われる場合に、「"顔の表情"は明らかによくなっているんだけど、客観的に示せといわれても……」という声を耳にします。しかし、顔の表情に表れる主観的な面の表出だけでなく、生活機能の各レベルごとに分析していくと、実は客観的に効果を立証できることが少なくないのです。

2 ｜ 改善の機序を生活機能モデルで分析する

　「活動」が改善・向上した場合に、「心身機能」や「健康状態」を改善させた（それによって「活動」が改善した）というように、因果関係（活動制限が起こってきた原因・結果の関係）に引きずられた判断をしないように注意が必要です。　　　　　　　　　　◯第3章参照

　「心身機能」が改善した場合でも、「活動」から「心身機能」への矢印（56頁の図1、61頁の図2参照）が示すように、「活動」の向上によって、逆に「心身機能」が改善する場合も決して少なくないのです。たとえば車いす生活だった人が、日常生活上で（「している活動」として）介護歩行を行ったことによって生活の活発性が向上し、生活不活発病（廃用症候群）が改善し、それによって筋力低下や知的低下や心肺機能低下などの生活不活発病の症状（「機能障害」）が改善することはしばしば見られます。これを「介護歩行によって筋力（「心身機能」）を改善した」というように、短絡的に述べることは避けたいものです。介護歩行（介護技術）によって実生活での移動（歩行）という「活動」がまず向上し、その影響によって筋力だけでなく、その他多くの「心身機能」が向上したのです。　　　　　◯第8章参照

3 ｜「参加」向上の効果も見る
　　　—「活動」（生活）は「参加」（人生）の具体像

　生活機能モデルで「活動」から「参加」への矢印が示すように、「活動」への働きかけで「参加」も向上させることができます。したがって、どのように「参加」が向上できたかを見ることも大事です。

　何でもよいから「活動」を向上させればよいのではなく、「参加」を向上させるために必要な「活動」の項目を向上させるという観点が大事です（61頁の図2の2−①参照）。また、「活動」向上の成果を十分に「参加」の向上につなげるために、「参加」自体への働きかけも必要なのです（61頁の図2の2−②参照）。

第6章

活動向上に向けた「よくする介護」の進め方

1 「活動」レベルへの直接的な働きかけで「活動」を向上
2 活動の目標:「する活動」
3 活動向上の進め方
4 物的介護手段:歩行補助具を例に
5 「している活動」から決める─介護からの積極的な意見を
6 施設の設備は実社会に則して:
 広い訓練室から病棟・居室棟重視へ

　介護の進め方には、実はさまざまなバリエーションがあります。ですから、目標設定とプログラムが必要なのです。
　「する活動」(将来の「している活動」)に向けて「している活動」「できる活動」へ働きかけます。「している活動」をどのような方法(質)と「量」で行うかは、活動向上の効果を大きく左右します。

「よくする介護」の具体的進め方として、「活動」への働きかけを中心に述べます。

1 「活動」レベルへの直接的な働きかけで「活動」を向上

　"「手際」のよさ"が介護の高い専門性だと考えられている場合もあるようですが、そうではありません。「活動」をよりよい状態にすることが介護の高い技術なのです。

1 「活動」と「心身機能」の相対的独立性

　「活動」と「心身機能」の間には相対的独立性があります。ですから、「活動」を向上させるには、まず機能回復訓練によって機能障害を回復させて「心身機能」を高め、その結果として「活動」を上げるという間接的なやり方よりも、まず直接「活動」を高めることが重要です。これは実際上はるかに有効で、短期間で効果を生むものです。

⊃第3章参照

2 「活動」に直接働きかけることの有効性　―短期間での顕著な効果

　一般原則として「働きかけ（練習や指導や訓練など）の効果はそれが直接対象としたものに一番よく現れる。その他のものへの間接的効果はそれに劣る」ということがあります。まさに「活動」をよくするには「活動」そのものに働きかけるのが最も効果的なのです。そして、その「活動」の中でも「している活動」への働きかけが不可欠です。

　歩くことが難しくなれば、歩くことに直接働きかけることが必要であるし、効果的なのです。そして歩くことでも、たとえばリハビリテーション等で歩行訓練をしていたとしても、それは「模擬動作」や「できる活動」への働きかけであり、「している活動」として介護で働きかけていなければ働きかけは不十分といえます。

　身体の一部に機能障害を負った状態では、従来習得した方法・手順での「活動」の実行は困難になります。しかし、専門的な知識と技術に基づく適切な指導により、方法・手順（姿勢のとり方、場・用具の選択や活用の仕方を含む）を新たに習得すれば、機能障害自体が不変、あるいはわずかな改善しかない場合でも、「活動」は飛躍的に向上し得るのです。これが「目標指向的介護」の重要な技術です。

このような「活動向上への直接的働きかけ」の効果は極めて短時間・短期間に現れるものであり、その効果は、患者・家族にもすぐにわかるために、専門家としては非常にやりがいがあります。しかし、その一方、自分自身の技量がすぐに明らかになるので、ある面では怖いものでもあるのです。

2　活動の目標：「する活動」

　「活動」向上に向けた介護は、その時点の「活動」の不自由さだけを考えるのではなく、将来にわたっての生活全体を考えて、一人ひとりの利用者について個別的・個性的な「活動の目標」を立てて行うものです。

1　多くのレパートリーとバラエティからの選択

　「活動の目標」は次の点から考える必要があります。
①レパートリー：数あるレパートリーのうちのどの項目、そしてそのうちの特にどれに優先順位を高くおくかです。
②バラエティ：一つの「活動」のやり方にもさまざまなもの（バラエティ）があります。具体的やり方として何を目標とするかです。
　　　　　　➡第2章5活動の「レパートリー」と「バラエティ」参照

2　目標設定の必要性

　なぜ活動レベルの目標が必要なのでしょうか？　その理由は次の3つです。
①目標を定めることで、何から始めるべきか、次に何をすべきかというプログラムがはっきり見えてきます。それによって目標なしで進めた場合より、ずっと高い水準の「活動」をはるかに短い期間で実現することができます。
②最初から目標を設定してそれに向けてプログラムを立てていくのでなければ、将来必要がなくなるようなことを行って無駄な時間を費やすことになります。それによって、最終的な自立度を低くとどめたり、「生活不活発病」を加速させたりすることになります。
③目標がはっきりしないと、その利用者に関係している多くの職種の人々（チーム）が別々の目標やプログラムにしたがって動くことに

なり、バラバラになり、かえってマイナスにすらなります。

3 「参加の目標」を実現する「活動の目標」

「活動の目標」は「参加の目標」（将来の時点での「参加」のあり方）を実現するのに必要な「活動」です。それは、「参加」の具体像が「活動」であるからであり、どのような「参加」が目標かによって、その人にとって重要な「活動」の項目や同一の項目でもやり方が違ってくるからです。

●第7章■3．目標設定のステップ（3）：「している活動」と参加の予後予測

4 「する活動」

一つひとつの活動項目についての目標を「将来するようになる活動」という意味で、略して「する活動」といいます。これは、「将来における活動の実行状況」（将来の時点での「している活動」）として設定されるものです。

この目標は具体的でなければならないので、単なる自立度だけではなく、一つひとつの「活動」項目について、姿勢、対象物や手段、手順、その位置への移動の動線などを詳しく決めていきます。

●第2章■活動の詳細な把握参照

3 活動向上の進め方

いくつかの複数の「活動」項目を並行して向上させていくこともあり、そのときには、お互いによい影響を与え合うような向上のさせ方を工夫する必要があります。

しかし、ここでは一つの「活動」項目に絞ってその向上のさせ方を述べます。

1 「する活動」の設定

まず「参加の目標」を実現するという立場に立って、「活動の目標」として、一つの「活動」項目ごとに目標（「する活動」）を設定します。そして、それに向かって「している活動」と「できる活動」を進めていきます（図1参照）。

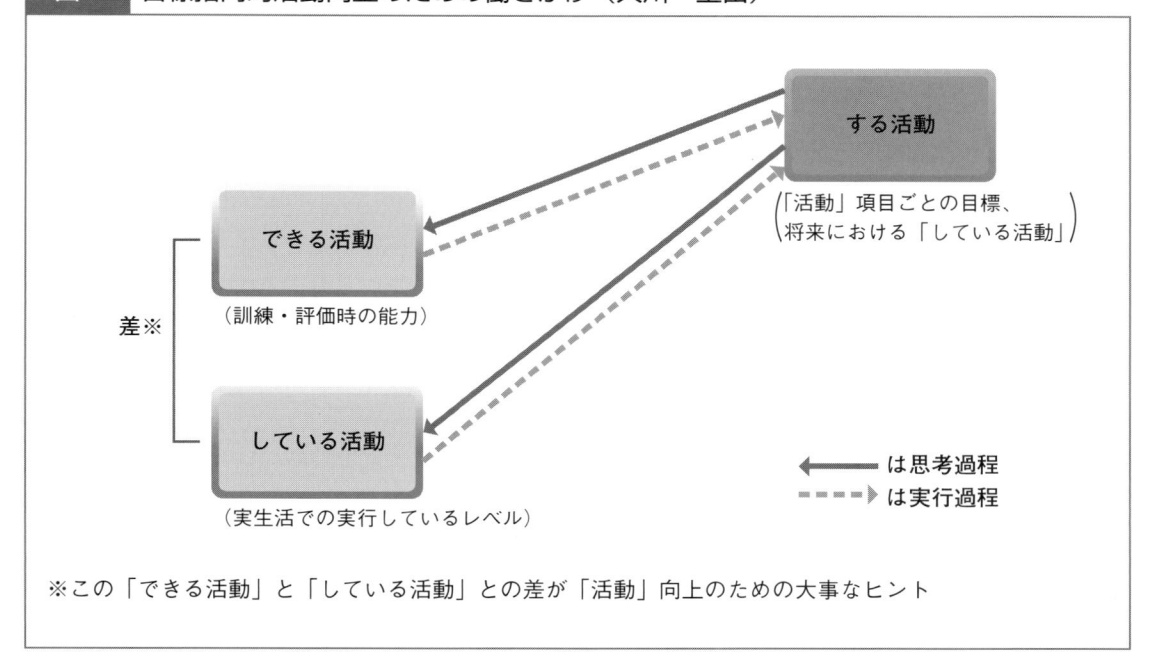

図1　目標指向的活動向上のための働きかけ（大川・上田）

- する活動
  （「活動」項目ごとの目標、将来における「している活動」）
- できる活動（訓練・評価時の能力）
- している活動（実生活での実行しているレベル）
- 差※
- ⟵ は思考過程
- ⤏ は実行過程

※この「できる活動」と「している活動」との差が「活動」向上のための大事なヒント

　このように、「する活動」とは、最初から目標として設定し、それに向けて働きかけて実現するものであり、「している活動」と「できる活動」に働きかけたことにより、結果的に到達するものではありません。

　図1で右側は目指していく将来の目標（「する活動」）を、左側は現状（「している活動」「できる活動」）を示しています。

　右側の「する活動」が左側の「できる活動」と「している活動」のどちらよりも高い位置にあるのは、より高いものを目標として設定していることです。

　現実には病気の進行などで、将来は「活動」が低下していくのがやむを得ない場合もあります。そういう場合は、それに対して何も手を打たなかったときに比べれば、よりよい（高い）状態になるように目標を設定するということです。

2　「する活動」に向けてプログラムを決める
―目標とプログラムはセット

　右上の「する活動」から、斜め下の「できる活動」と「している活動」に向けて2本の実線の矢印が向かっています。これは、まず「する活動」として最初からはっきりした目標を決定して、その目標から

逆に、その時点とそれ以降の「できる活動」、「している活動」の向上のさせ方が決まることを示しています。

実線の矢印はこのような思考過程、つまり「している活動」「できる活動」を高めるためのプログラムの決め方を示すものです。プログラムによって、達成できる状況は大きく異なります。ですから、実は目標と同時に目標達成に向けての「している活動」と「できる活動」を向上させるプログラムは同時にセットとして考えるものといえます。

これとは逆の方向で、左下から右上に向かう点線の矢印がありますが、これは「する活動」という目標を実現するために、この方向で「している活動」と「できる活動」の両方を向上させていくこと（実行過程）を示しています。結果的に「する活動」に到達することを示しているものではありません。

3 | 「している活動」を高める

左側の「できる活動」と「している活動」という、「活動」の2つのレベルですが、「できる活動」のほうが上にあるのは普通「できる活動」のほうが高い水準にあることを示しています。

「活動」を向上させるには、まず「できる活動」を向上させるのがよいと考えがちですが、「できる活動」に働きかけさえすれば自然に「している活動」も向上するものではありません。2つの間の差が開くだけという場合もあります。ですから、「できる活動」と「している活動」の両者に働きかける必要があります。

特に、「している活動」に専門的に意識的に「向上させる」という方向で働きかけることが不可欠なのです。利用者・患者が「できる活動」に費やす時間に比べ、「している活動」を実行している時間ははるかに長いのです。その時間で「している活動」をどのような方法（いわば「質」）と「量」で行うかが活動向上の効果を大きく左右します。

このように、「している活動」を向上させる介護の技術の「質」が大事であり、それが介護の専門性なのです。

●第2章🔟「している活動」の意義参照

コラム⑮

リハビリテーション
：「できる活動」へ働きかけるパートナーとして

　本来、リハビリテーションとは、患者・障害者の「人間らしく生きる権利の回復」（全人間的復権）、すなわち生活・人生の再建・向上を目指すものでした。

　また、ADLという概念も、その訓練法も、リハビリテーション医学とともに生まれたものです。

　このように、本来リハビリテーションとは、「活動」「参加」を重視するものだったのです。我が国の障害者施策の基本である障害者基本計画においても、リハビリテーションの理念は「全人間的復権」であると明確に謳われています。

　しかし、特にわが国では、いつからか「リハビリテーションは機能回復訓練」という誤解の横行を許すものに変質してしまいました。それは、「活動」・「参加」を向上させる介護の力を十分に生かせないことにもつながっています。リハビリテーションが正しい方向に向かい、チームメンバーとして連携をとれるようになることが、介護の質的向上のためにも望まれています。

　介護職の皆さんからはリハビリテーションサービスに対し、「その人にとって必要な『活動』向上は何か」という観点から話し合い、そしてリクエストをしていってください。それは、リハビリテーションと介護との連携上最も基本となることです。

4 物的介護手段：歩行補助具を例に

介護には物的介護手段と人的介護とがあります。

この人的と物的の両者は別々のものではなく、ましてや対立させて考えるべきものではありません。利用者・患者にとって最良の効果を上げるために、これら両者をいかに組み合わせて活用するかが大事です。

すなわち、物的介護技術を有効に使いこなす人的介護技術が重要なのです。

以下、活動向上の物的介護手段として重要でありながら、現在その活用が不十分な歩行補助具を例にして考えましょう。「活動」の潜在的な可能性を引き出す「よくする介護」の技術として、歩行補助具・装具を"使いこなす介護技術"が、今後大きな意味をもつからです。

1 活動のレパートリーとバラエティの拡大のために

歩行補助具は「よくする介護」の技術の一つのポイントとしてトイレまでの歩行、食堂までの歩行、屋外歩行などのように、さまざまな活動の一部をなす「歩行」の向上に役立ちます。

そして、それだけでなく、"立位姿勢で行うさまざまな「活動」"の安定化・実用化にも役立ちます。

すなわち、単に歩行だけでなく、非常に多数の「活動」項目のレパートリーとバラエティの向上に効果的なのです。

このような「活動」の各項目のレパートリー、バラエティという「質」的な面の向上によって、「量」も向上します。それによって生活が活発化し、生活不活発病の予防・改善、そして「生活機能向上の良循環」へと導くことが可能となります。　　　　　　　●第8章参照

一方、同じ物的環境因子でも、歩行補助具を十分に活用することなしに車いすを使用すれば、逆に「活動」のレパートリー・バラエティ、「量」の低下が起こりやすくなり、また生活不活発病も生じやすくなります。　　●第2章 7 活動の「量」と「生活の活発さ」参照

2 立位姿勢での「活動」安定化のために

"立位での「活動」"を安定して行うために、歩行補助具や装具をもっと活用することが大事です。

さまざまな「活動」を立位姿勢で実施できることは、「活動」のバ

ラエティやレパートリーの拡大の最大のポイントです。そのためにはウォーカーケインや四点杖（102頁参照）が効果的です。

これらの歩行補助具のよい点は、手を離しても立っていることです。そのため、洗面、炊事、排泄（ズボンの上げ下ろしや立ち便器、等）などの「活動」の際に、立位が不安定な状態でも、その行為の途中で数回杖に手を置くことによって立位姿勢を立て直すことが可能です。

T字杖にしてよいのは、歩行の安定だけでなく、立位姿勢での「活動」が実用化（「している活動」として自立）してからです。

◯コラム19（105頁）参照

3 | 安全な介護の手段としての活用

さまざまな「活動」（生活行為）を介護して行っていること自体が、実際の生活の場での種々の「活動」自体の訓練になります。このように毎日の生活の中で頻回に行ってその行為に習熟することが、「している活動」の向上において重要です。

「歩くのが不安定で危ないのでは？」という不安をもった場合には、すぐ車いすをと考えずに、「歩行向上に向けて十分な働きかけをしたか」をまず考えます。"どういう歩行補助具や装具を使ったら安全に歩けるか"、"安全に歩行や、立位姿勢での「活動」実施を介護できるのか"と、よく考え試してみることが大事です。

歩行の不安定さに対して車いすという環境因子を使うことは、歩行という移動方法（活動）をやめて、車いす移動という新たな方法（別な活動）に移行するという、大きな変換をすることになります。そして、参加を制約することにつながるのです。

4 | 使い方を指導して選ぶ

ただし、このような「モノ（物的環境因子）」さえ使えば問題は解決するというものではありません。歩行補助具・装具の力をフルに発揮させるには、①選び方と、②使いこなし方が大事です。この2つの技術が、「実用歩行」と「立位姿勢での活動実施」を中心とする「活動」向上のポイントなのです。

これは、まず選んで、それから使い方を練習するというものではありません。あくまでも使い方をよく考えて、"実生活の場"で試験的にいろいろと試してみてから、使うか否か、またどのような種類かを決めるのです。

コラム⑯

「歩行」と目的行為は一連のもの

　「活動」とは、目的をもって行う生活行為です。

　「活動」の最も基本となる歩行を例にとって考えてみましょう。「活動」としての歩行は、歩いて行った先で洗面や食事や排泄をする、あるいは調理、洗濯、掃除などの家事をするものです。歩行はそれらの目的行為が実用的に行えるように、精密に調整されています。

　たとえば排泄行為には、手を使う目的行為だけでなく、トイレまでの歩行、トイレのドアの開け閉めや、トイレ内の狭い場所での方向転換や位置の微調整をしながらの歩行が含まれています。洗面や調理なども同様です。

　外出時なら、お店に入って狭い棚の間を歩きながら買うものを選んだり、電車に乗るためカードをタッチしながら改札口を通り抜けたりします。

　また、洗濯した物を干したり、買い物した物を運ぶなど歩きながら物を運んだり、犬の散歩をさせたりするなど他の行為を同時に行うこともあります。

　このように、目的行為をともなったかなり難しい歩き方を含むのが、現実の生活の中での歩行（実用歩行）です。

　そして、目的行為を実用的に行うためには、たとえば便器・洗面台・調理台などに適切な位置・角度で面することができるように接近して止まるような歩き方が重要になります。それができなければ目的行為自体がしにくくなったり、姿勢が不安定になって危険だったりします。足の置く場所が数センチ、角度で数度違っても、姿勢保持が困難になったり、手が届かなくなったりして、目的行為が自立して行えなくなることが多いのです。

　こういうとき、普通の人なら足を置く位置の微調整ができますが、体の不自由があると、容易にはできません。そのため、目的行為がやりやすい位置に足が置けるように、数メートル前からの歩き方が大事になってくるのです。

5 「している活動」から決める —介護からの積極的意見を

歩行補助具や杖、福祉用具などの物的介護手段は、当然ながら「している活動」にどう活用するかの観点から、その必要性や種類を決めていくものです。

しかし、残念なことに現在、たとえば介護保険利用者では事実上介護支援専門員の判断だけで必要性や種類が決まってしまいがちです。

また、リハビリテーションサービスが関与していても、模擬的動作やできる活動を一部の項目でだけ観察して決められがちです。

積極的に意見を！

しかし、介護職は「している活動」の状況を観察し働きかけている専門家です。「している活動」の観点から、環境因子の必要性とその具体的内容をまっ先に、また確実にとらえることができるのですから、積極的に発言してください。

4（物的介護手段：歩行補助具を例に）のポイントに沿って、"もっと歩行が実用的にできないか？"、"「活動」が立位で実用的にできないか？"の観点から見て、歩行補助具・装具を、①選び、②使いこなし方を指導して、大いに意見をいってください。

・散歩

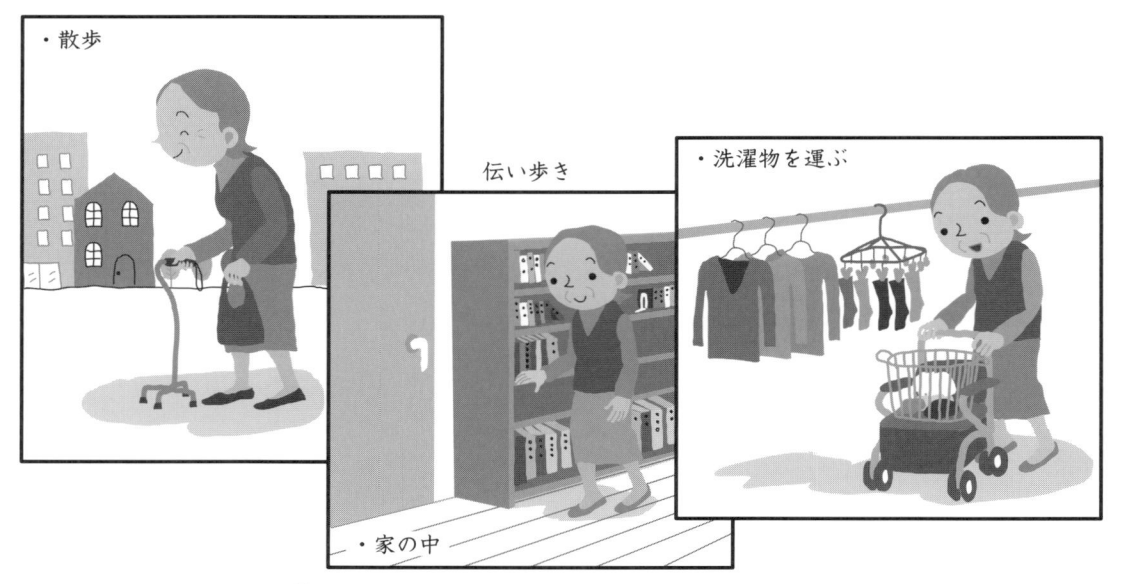

伝い歩き

・洗濯物を運ぶ

・家の中

「活動」のレパートリーごとに使い分け

さまざまな歩行補助具の中から選ぶ

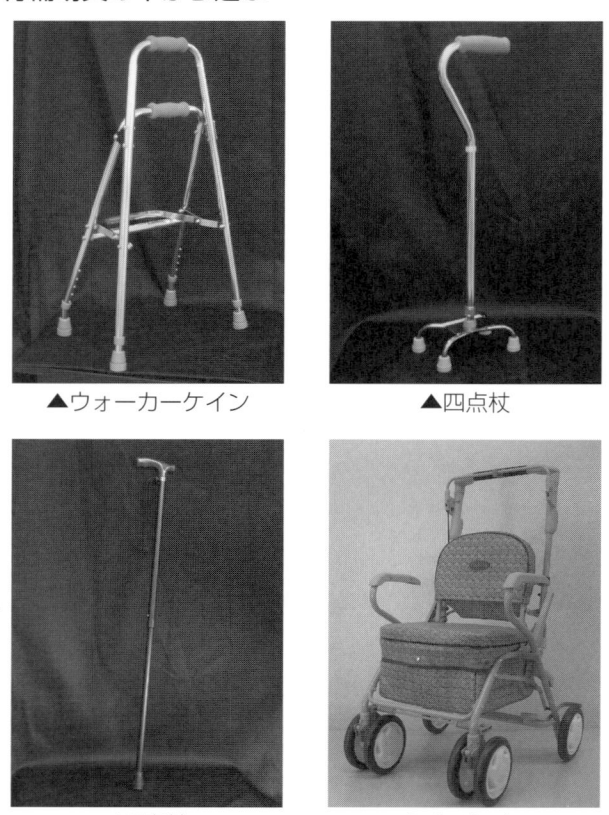

▲ウォーカーケイン　　▲四点杖

・手を放すと→
　倒れます

▲T字杖　　▲シルバーカー

コラム⑰

シルバーカーで外出が可能に

　たとえば、T字杖では100m程度しか歩けず、買い物をしても荷物をもてない人でも、シルバーカーを使えば歩行は安定し、途中で荷物かごに座って休みながら1km近く歩いて友だちの家や、趣味の会に行ったりできるようになります。荷物を荷物かごに入れることができるのでかなり重い買い物もできます。

　このように、しっかりしたものを使うことで、簡単な杖を用いていた場合と比べて、「活動」も「参加」も高い状態に向上します。そして、生活全体の活発化が起こります。

　この例の場合、T字杖のままでは生活が不活発にとどまり、生活不活発病は進行し続けます。そのため遅まきながら、より安定した歩行補助具にしなければならなくなったり、結局は歩けなくなってしまったりします。

6　施設の設備は実社会に即して：広い訓練室から病棟・居室棟重視へ

　入院・入所中、また通院・通所の患者・利用者の介護で最も身近な「環境因子」としては病院・施設の設備があります。これが「促進因子」として十分かどうかを考えてみましょう。

　病棟については車いす用のトイレ、洗面台などが充実しているのがよい環境だと思われがちです。しかし、これは車いすで移動し、車いす座位でしか「活動」を行わない方の「活動」には適するでしょうが、やっと立って歩けるような人にはむしろ阻害因子となるのです。立位で洗面などの「活動」を行うには腰を台にもたれさせたり、膝を台板で支えたりということが必要になるのに、車いす用の洗面台ではそれができないからです。

　また、退院・退所後の生活向上に向けては、いろいろなレパートリーと、「限定的活動」「限定的自立」にとどまらない、バラエティに富んだ「活動」に向けて「している活動」としての実生活での実行と「できる活動」の練習ができるようにすることが大事です。そういう練習ができるような病棟・居室棟の設備が必要になってくるのです。

すなわち、一般社会生活環境と病院・施設とのギャップを埋めるさまざまな設備をもつことが望まれます。たとえば、一般家庭、地域社会に通常見られるような設備（特にトイレ・洗面台・ドア、調理台等）が病院・施設にも多様に備えられていることが退院・退所後の「活動」向上に向けて入院・入所中の働きかけをするためには大事です。

　たとえば、トイレにも車いす用や洋式だけでなく、和式トイレやさまざまなタイプの立ち便器があることが望ましいのです。

　居室棟に簡単なお茶の用意や調理ができる立位で使う調理台、洗濯機や干し場などが備わっていて、実生活で頻回に使えるのがよい設備といえるでしょう。また、和室も必要です[注1]。

　このような「活動」のレパートリー・バラエティという観点、実生活に則した設備の充実という観点から病院・施設を見直してみてください（コラム18参照）。

注1 ▶ 病院や施設の中にも和室があります。退院後、和室で生活する人は多いのが現状です。退院後の和室生活での活動向上に向けて和室の活用を工夫してみましょう。

コラム⑱

車いす用設備がバリア？

　一般に、「バリアフリー」といわれるのは実は車いす用設備のことであることが多いといえます。この車いす用設備は、実はやっと歩ける人、また介護歩行や立位姿勢を介護下で行う人には阻害因子になるのです。

　たとえば、下の2枚の写真を比べてみてください。どちらが改造前でしょうか。実は左の車いす用のほうが改造前なのです。

　安全第一と考えて進めていた病院が、歩行・立位活動重視にプログラムを変更したときに、車いす用洗面台しかなかったため、このように一部の洗面台の下に台を入れ、膝をついて立つことができるように改造したのです。

【改造前】　　　　【改造後】

コラム⑲

装具で歩行も立位も可能に

　脳卒中の方の物的介護手段として装具は大事です。

　装具でよく使われるのは写真左の短下肢装具です。これは足首での異常な動きが出るのを抑えて、歩行や立位、しゃがみ姿勢などを可能にしたり安定化させたりするものです。

　歩行補助具を使っても不安定だから装具を使うのではありません。

　装具の使用によって歩行・立位姿勢で行う「活動」が安定して、杖がいらなくなる場合もあります。これは脳卒中後の片まひの場合、片手しかない使える手が自由になるので、さまざまな行為が立ってやりやすくなります。また、雨の日にも傘を差して外出できる、自動改札機を通ることが非常に楽になるなど、社会生活（「参加」）の拡大につながります。

　「重いのでは？」と思われるかもしれませんが、安心して歩けるメリットのほうがはるかに大きいのです。これは、四脚杖やウォーカーケインのような歩行補助具についても同様です。

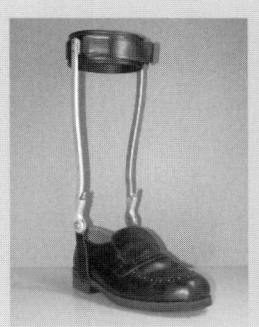

▲短下肢装具
（両側支柱付）

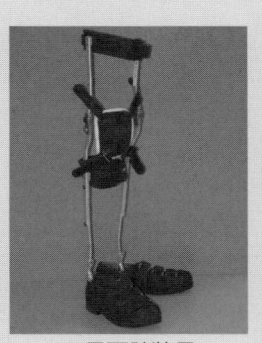

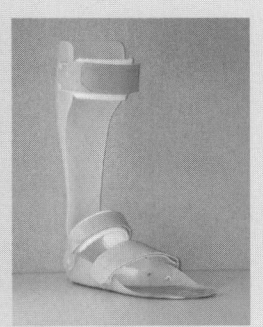

▲長下肢装具
（両側支柱付）

▲靴べら式装具

第6章　活動向上に向けた「よくする介護」の進め方

第7章

「目標」の大切さ

1 目標の重要性:「共通言語」
2 目標は個別的・個性的なもの
3 目標指向的アプローチ
4 目標設定の4つのステップ
5 「共通言語」に立った自己決定権の尊重

　目標指向的介護の「目標」とは、"その人ならでは"のよりよい生活機能の状態です。特に「参加」「活動」の向上を重視し、「参加」の目標の具体像として「活動」の目標を位置づけます。
　また、目標設定には、専門家だけではなく、「インフォームド・コオペレーション（情報共有に立った協力関係）」が不可欠です。

「よくする介護」では、目標が重要です。第6章「活動向上に向けた『よくする介護』の進め方」で一つひとつの活動項目の「目標」である「する活動」について述べました。この章では、目標の大事さと設定の仕方を説明したいと思います。

1　目標の重要性：「共通言語」

1　目標設定：「共通言語」に立って

　これまで述べてきたように「目標指向的介護」（よくする介護）とは、何でもいいから利用者の目の前の不自由なことを助けるのではなく、利用者によりよい人生を送ってもらうにはどうしたらよいかを一番に考え、「活動」のやり方をどう変えたらそれが実現できるか考えて支援していくものです。

　そのような「利用者にとってのよりよい人生」とは、ほかならぬその人の人生ですから、介護職が一人で勝手に決めてよいものではありません。といって、利用者ご本人には「どうすれば、どこまで活動を向上できるか」という専門的な知識や技術はありませんから、「あなたの人生だからあなたが決めてください」というわけにはいきません（そういったらおそらく「とても無理です」という返事しかないでしょう）。

　ですから、やはり介護職が責任をもって、しかし利用者の考えや気持ちを十分尊重しながら一緒に決めていく必要があります。これが、「その利用者にとって現在の条件下で実現可能な、最良の生活機能の状態を、目標として決める」ということです。

　介護職も一人で働いているわけではなく、その利用者に関わっている介護・医療・看護・福祉・リハビリテーションなどの専門家は他にも多数いるでしょう。その人たちとチームで働いているわけですから、この「実現可能な最良の生活機能の状態」はそのチームの知恵を集めたものでなければなりません。

　このように「よりよい人生」の具体像である「目標」を、チーム全体と当事者が一緒に決めていくにはICFの生活機能モデルという「共通言語」が役立ちます。　　　　　◯第1章 7 「共通言語」とは参照

- よくすることができないか考える
- よくするのは「参加」・「活動」

（とりあえず手すりをつけてバリアフリーにして……）

・よりよい人生が送れるように将来を見据えた目標を

（昼ご飯はつくりたいし、自分の小物の洗濯はしたいね…）
（毎月の自治会の集まりに行くこととお墓参りはしたいね）
（家の中は伝い歩きがしやすそうな環境ですね）
（四点杖で歩くのが上手になってきましたよ…）
（毎月の自治会の集まりと、お墓参りが楽しみなんですって…）

2 目標は個別的・個性的なもの

　目標は一人ひとりの利用者について個別的・個性的で、具体的なものでなければなりません。

　そして、あくまでも「将来に必ずこれを実現する」という具体的な課題です。そうでなく、目の前の問題点だけの解決・対応にとどまるのならば目標はいりません。また、目標設定が大事といわれているので、やむなく、たとえば「目標はADLのできる限りの維持」というような、一般的な、具体的でないことにして、プログラムは現在目の前にある手近な問題点・課題への対応とするだけであったら、それは真の目標ではなく、本当によい介護を提供することはできません。

このような「介護における目標」の基本的な特徴を**表1**にまとめました。

表1　介護における目標の基本的特徴

目標とは、「参加の目標」とその具体像としての「活動の目標」（「する活動」、複数）のセット。
「この人がどのような人生・生活を生きるのが一番よいのか」ということの具体像。

①一人ひとりの利用者について個別的・個性的で、具体的なもの。
　その人だからこそ当てはまる具体性をもつもの（多くの人に当てはまる内容ではなく）。
②具体的な状態を含む。
　可能・不可能あるいは自立度だけでなく、一つひとつの活動項目についての具体的なやり方や使う道具、場所、そのときの姿勢までを含むもの。
③到達時期を明確に。
　一つひとつの目標は、それがいつ到達されるのかを設定する。
　（例：昼間自宅内トイレまでの歩行自立の目標達成は○月○日）。
④実現可能なもの。予後（将来の状態）の予測に基づく。
⑤インフォームド・コオペレーション（情報共有に立った協力）をもとに立てる。
⑥チーム全体としての一つの目標があり、その役割分担として介護の目標がある。
⑦どのような働きかけ方をするか（プログラム）によって、目標は大きく異なる。

1 目標と目的の違い

　目標と目的は似た言葉ですが、この2つの違いをはっきりつかんでおくことが大事です。
　「目標」とは英語でいえば「ゴール」であり、スポーツのゴールの場合と同様に具体的なもので、いわばそこを目指して走っていく、はっきり決められた地点です。
　それに対して「目的」とは方向性を示すものです。何ごとかによって実現しようとしていることの意義や意味を示すもので、「ケアの目的は○○です」とか「介護予防の目的は生活機能の向上」というように使います。
　目的はもちろん大事ですが、それだけでなく目標を明確にすることによって利用者本人と専門家、そしてさまざまな専門家間でも「実現

しようとする共通した生活像」を共有することが必要なのです。

2 ｜ 「参加」と「活動」の表裏一体の目標

一人ひとりの利用者についての個別的な目標とは、「どのような家庭・社会での役割を果たすか」という参加レベルの目標と、その具体像としての、1日全体の生活行為（活動レベル）の項目それぞれについての目標とが一体になったものです。すなわち、参加レベルの目標と活動レベルの目標とが表裏一体になって、「実現を目指す生活像」を具体的に示したものが目標なのです。

したがって、活動と参加レベルの目標とは同時に決定されるのです。

目標に限らず、常に「活動と参加とは表裏一体」です。参加の具体像が活動であり、活動に支えられることで参加が実現するのです。

ですから、参加の目標と活動の目標（「する活動」）とはセットをなしています。たとえば、「主婦としての役割を果たす」という参加の目標は、種々の具体的な家事活動（炊事、掃除、洗濯など）によって裏づけられており、別の参加の目標、たとえば「働くこと」とは裏づける活動が大きく異なっています。したがって、参加の目標とそれを支える活動の目標（「する活動」、複数）とはセットをなし、同時に選択されるのです。

3 ｜ 「その人だからこそ」の具体像

個別的目標とは、一人ひとりについて立てるということだけではなく、「その人だからこそ当てはまる」という具体性をもつことが大事です。多くの人に当てはまる内容でなく、個々の利用者に即したものでなければならないということです。

たとえば、「生活機能向上」のように、方向性だけで、具体的なゴール（目指す状態）を示さないものではいけません。また、「自宅復帰」であれば、自宅でどのような生活を送るのかという生活の内容を明確に具体的に示すものでなければなりません。

たとえば、「家庭に戻ってどのような家事をし、どのような趣味をもち、どのような目的でどこへ外出するのか」という、朝起きてから、夜寝るまでの1日に行うさまざまな「活動」（生活行為）一つひとつについて、具体的なやり方や使う道具、場所、そのときの姿勢までをはっきりと定めたものであり、それを1日、1週、1か月、1年の具体的な生活内容（「している活動」）を含めて立てたものです。それ

が参加の目標と活動の目標とは表裏一体のセットをなすということの意味です。

4 到達時期を明確に

一つひとつの目標は、それがいつ到達されるのかを設定しなければなりません。たとえば、「昼間自宅内トイレまでの歩行自立の目標達成は〇月〇日」というように定めるものです。

これに対し、たとえば「短期目標」として「1か月後の状態」とか、「次のカンファレンスのときの状態」というように、サービス提供者側を主体として決めるものでは、利用者中心の目標設定といえません。

なお、長期目標、短期目標という用語がよく使われますが、使用する人や施設によってその定義がまちまちなことが少なくありません。多くは、短期目標は前述したようにサービス提供者を主体として決めていることが多いようです。また、長期目標というのも「いつそれが到達されるのか」が明確でないことが多いので注意が必要です。

5 インフォームド・コオペレーションを

今、医療において「インフォームド・コンセント（十分な説明を受けた上での治療方針への患者（当事者）の納得と同意）が不可欠だとされていることはご存知だと思います。私たちは、医療も介護も長期間にわたることが普通になってきた現在、この専門家による説明と当事者（利用者・患者）の納得・同意は1回限りのものではなく、継続的なものとなるし、その際の当事者の役割はもっと積極的になり、単に「納得・同意」するだけでなく、専門家と対等な立場で協力するものと考えており、それを「インフォームド・コオペレーション」（情報共有に立った協力）と呼んでいます。

情報共有とは、専門家からの説明が当事者に十分伝わるというだけでなく、当事者の生活機能の状況や希望などを専門家もよく知るという双方向の情報伝達がよくなされているという意味です。

そのような立場から見れば、目標は、専門家チームが複数の予後[注1]（目標の候補）を利用者と家族によく説明し、その中から利用者側が一つを選択するものです。これがインフォームド・コオペレーションに立った目標設定です。この過程がなければ自己決定権を尊重しているとはいえません。

注1▶「予後」とは「将来の予想」という意味で、普通は医療で「病気の予後」（治るかどうか）という意味で使われますが、ここでは「活動の予後」「参加の予後」、つまり「目標指向的介護」を行った場合に「活動」や「参加」がどこまで向上するかの予想という意味で使います。

6 チーム全体としての一つの目標：その上での役割分担

　介護が必要な人には多くのサービスや人々が関与します。目標やそれを達成するプログラムはチーム全体に共通のものでなければなりません。利用者の目標を明確にした上で、それを達成するためのプログラムについて、チーム内での役割分担をするのです。

　ときに見られることですが、各職種や施設・事業者がそれぞれ別々の目標やプログラムをもち、それらを合算した（単に寄せ集めて並べた）ものが結果的にチーム全体としての目標・プログラムになるというものではありません。

　たとえば、「訪問介護の目標」「訪問看護の目標」「訪問リハの目標」などと別々の目標やプログラムが並列的につくられるのではいけないのです。

7 目標設定は予後予測に基づいて

　予後とは、将来の状態の予測です。正しい目標を明確に立てるためには将来を見通す目をもつことが必要なのです。

　なぜ、予後が大事なのでしょうか。それは実現不可能な希望（利用者・家族、そしてサービス提供者の）をそのまま目標とすることは、いかに善意に基づいていても、結局は無駄な努力を払うことであり、希望を達成できずに、人生の貴重な時間を無駄にしてしまうことになるからです。

　逆に、低い予後予測に立って低い目標を設定したとすれば（もっと適したプログラムを立てていればより高いレベルに到達していたはずなのに）、低いレベルにとどめてしまうことにもなります。

　予後は、現状の正確な把握（診断・評価）とそれに対する働きかけの内容とに立って予測します。

　介護では「活動」・「参加」の予後が大事ですが、「活動」の予後は「健康状態（病気）」や「心身機能」の予後だけで決まるのではありません。むしろ「活動」を向上させるための支援の質が最も大きく影響します。それは、心身機能と活動の間には相対的独立性があるからです。

　　　　　　　　　　　　　　　　　　　　　　　⇒第3章参照

　心身機能の向上（機能障害の回復）の予後はかなり低いものであっても、適切な介護などで「活動」と「参加」の向上（プラスの増大）の可能性は非常に大きいのです。

3 目標指向的アプローチ

これまで述べてきたような基本的な考え方のもとに、「活動」と「参加」の目標を予後予測に基づいて設定し、それに向けてプログラムを進めていくという基本的態度・進め方を「目標指向的アプローチ」といいます。

この目標指向的アプローチでの目標設定の具体的進め方（プロセス）の全体図を図1に示します。なお、これらの図では煩雑になるのを避けるために「環境因子」・「個人因子」は記載していませんが、もちろんそれらも含まれるもので、全て生活機能モデルの中に位置づけられていると考えてください。

図1の見方ですが、部分を見ると「心身機能」「活動」「参加」という生活機能の3つのレベルが横方向に並び、上中下に3段になっています。

最上段の横長の枠内に示したのが「目標」、すなわち参加レベルの目標とその具体像である活動レベルの目標です。心身機能の目標もありますが、これから活動や参加の目標を決めていくのではなく、逆に「活動」の目標から「心身機能」の目標を決めるという点にご注意ください。

このような目標の設定（決定）に最終的に到達するには、まず図1の下の大きな枠内にある2つの段から出発します。このうちの上の段（全体としては2段目）は「評価」、すなわち生活機能の現状の把握です。

そして、全体の最下段は予後予測（目標の候補）です。

この予後予測は各レベルにわたる評価の結果と、それに対してどのような働きかけをするかというプログラム（それによって予後は大きく違ってくるので）とを突き合わせ、予後に関する知識・経験に立って行うものです。

そして大事なことは、このようなプロセスは専門家だけで進めるものではなく、その全体を囲む大枠と右の縦長の四角の「利用者・家族の主体的関与・決定」とが両方向の矢印で結ばれているように、利用者・家族が主体的に関与して進められるべきものだということです。

目標設定にも利用者・家族が主体的に関与し、チームが提案した「参加の目標」と「する活動」（活動レベルの目標）との複数のセット

図1 目標指向的アプローチにおける目標設定のプロセス

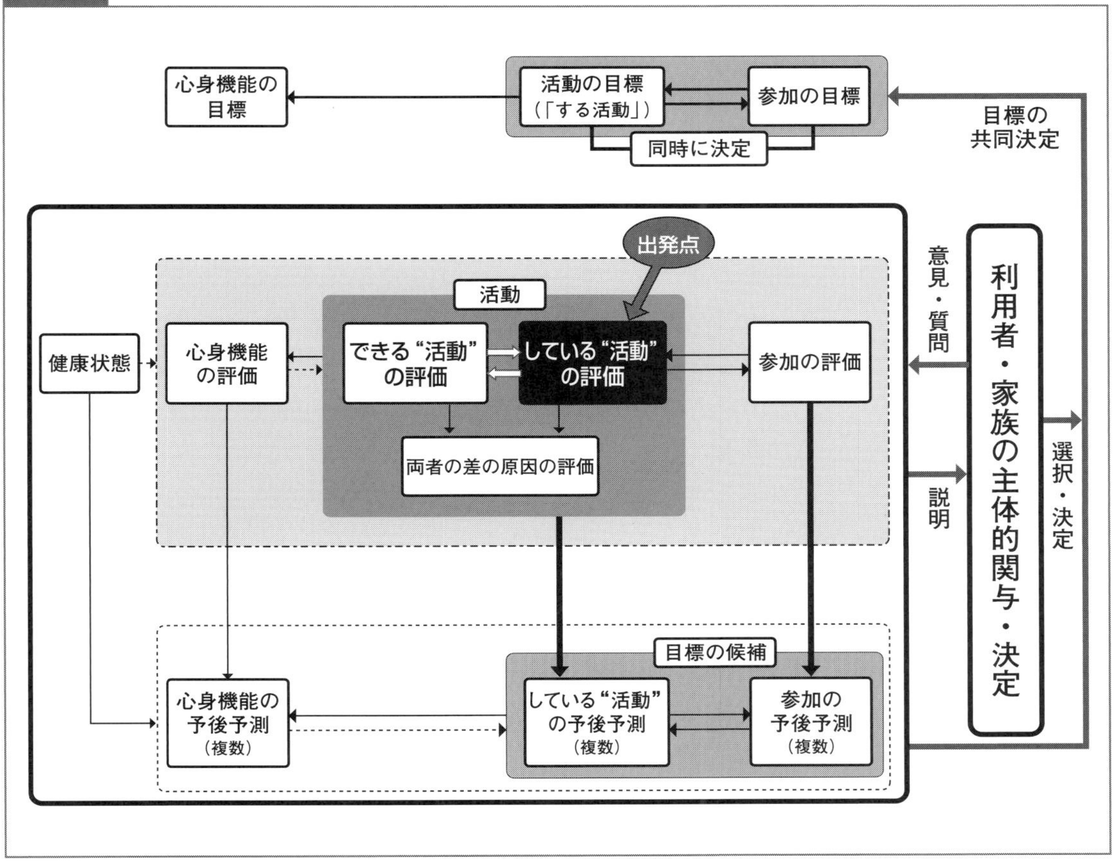

（目標の候補）の中から最終的に利用者・家族が熟慮の上で一つを選んで決定するものです。このように、参加の目標と「する活動」（「活動」の目標）とは同時に設定（決定）されるのです（この「同時」ということの意味は後で詳しく説明します）。

　以上の目標設定の過程は、専門家が一方的に説明をして家族が単に同意するというものではなく、インフォームド・コオペレーション（情報共有に立った協力）、すなわち当事者と専門家との真の協力関係の中での共同決定です。

4 目標設定の4つのステップ

目標指向的アプローチにおける目標設定のプロセスの全体を4つのステップ（段階）に分けて、少し詳しく説明しましょう。

1 目標設定のステップ（1）：「活動」の評価

第1のステップは、115頁の図1で出発点として示したとおりであり、現在の状況を中心とした、「活動」の総合的な評価（把握）です。

（1）「している活動」の評価

ADL（日常生活活動）をはじめとして、家事・職業上の活動、余暇活動などの、利用者が行っている広い範囲の全ての活動について、現実の「実行状況」（「している活動」）を評価します。その際、単なる自立度だけでなく、姿勢、装具・歩行補助具、その他の用具、行う環境、手順などを正確に把握する必要があるのは前にも述べたとおりです。

（2）「している活動」と「できる活動」の差と原因

次いで、訓練・評価時に行うことのできる「能力」（「できる活動」）を、それぞれの活動について把握します。

そして、「している活動」と「できる活動」との差とその原因を詳しく検討します。

このような「している活動」と「できる活動」との差と、それに影響している環境因子等の検討から、今後どのような働きかけ（プログラム）をすれば、その両者をともに高め、より高い水準の「活動」にもっていけるか、どこまでいけるかを考える大きな手がかりが得られるのです。

2 目標設定のステップ（2）：「活動」との関連における「参加」・「心身機能」・「健康状態」の評価

第2のステップはこうして把握した「活動」の状態との関連において、生活機能の残りの2つのレベル（「参加」と「心身機能」）、それに「健康状態」を把握することです（図1中央の横列）。

3 目標設定のステップ（3）：「している活動」と「参加」の予後予測

第3のステップは活動の予後を立てる（予測する）ことです。

これは、「している活動」と「参加」とが表裏一体となったセットを

なす予後です。そして、それは「目標」の候補をつくり上げることです。
　このセットとは図2に示すようなもので、「参加」の目標一つごとに複数の「活動」項目の目標があります。「参加」の目標が違ってくれば、また違った「活動」項目の組み合わせがあるのです（「参加」をpで、「活動」をaで示します）。

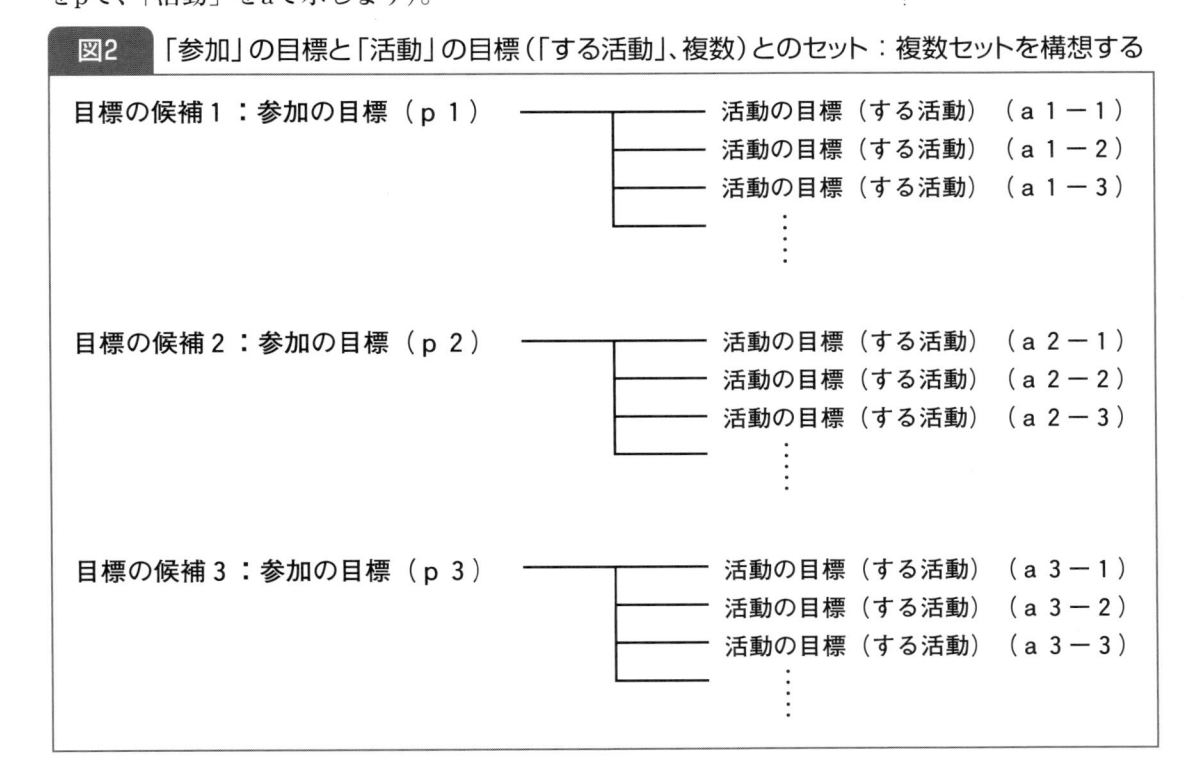

| 図2 | 「参加」の目標と「活動」の目標（「する活動」、複数）とのセット：複数セットを構想する |

目標の候補1：参加の目標（p1）
　　　　　　　　　　　活動の目標（する活動）（a1-1）
　　　　　　　　　　　活動の目標（する活動）（a1-2）
　　　　　　　　　　　活動の目標（する活動）（a1-3）
　　　　　　　　　　　　　　：

目標の候補2：参加の目標（p2）
　　　　　　　　　　　活動の目標（する活動）（a2-1）
　　　　　　　　　　　活動の目標（する活動）（a2-2）
　　　　　　　　　　　活動の目標（する活動）（a2-3）
　　　　　　　　　　　　　　：

目標の候補3：参加の目標（p3）
　　　　　　　　　　　活動の目標（する活動）（a3-1）
　　　　　　　　　　　活動の目標（する活動）（a3-2）
　　　　　　　　　　　活動の目標（する活動）（a3-3）
　　　　　　　　　　　　　　：

〔参加と活動の目標のセットの例〕
　仮に75歳の女性で、「健康状態」、「心身機能」、「している活動」「できる活動」の状況が全く同じ方が3人いたとしましょう。
　Aさん：長いあいだ書道（習字）の先生をしてきて、体が不自由になった今でもできればその仕事を続けたいと思っています。
　Bさん：主婦として長年家事をしてきて、それを続けたいと思っています。
　Cさん：子どもの家族と一緒にいるので家事はしなくてもよいのですが、老人クラブの仲間と過ごすことが一つの生きがいなので、ぜひ一人で外出したいと思っています。
　これらは全てそれぞれの方の将来の人生（「参加」）のあり方を示しています。

では、そのそれぞれの「参加」の具体像である「活動」が自立するかどうかを検討すると、適切な活動向上に向けた介護を行えば、どの方の場合も可能になると判断（予後予測）されるとします。

しかし、3人のこれら全ての「活動」を、いちどきに可能にすることは困難です。というのは、これらの「活動」が行えるのは、手足のまひなどの心身機能が「治って」ではないからです。残っている健常な心身機能をうまく使い、また種々の補助具を活用し、環境条件を整えることなどで一つひとつの「活動」を可能にしていった結果なのです。

たとえば、Aさんの書道を教えるということでも、畳の上でなく、椅子・テーブルで書ける、というさまざまな工夫と練習の積み重ねでできるようになるのです。他の人の家事や外出にしても同様で、他の「活動」にすぐに応用できるものではありません。

ですから、一人ひとりについて、目標とする人生とその具体像である「活動」（生活行為）項目とそのやり方を選ばなければならないのです注2。

注2▶逆にいえば、それほど重い人で、これまでは「何もできない」とされがちだった人にも「活動」向上支援は大きな効果を上げることができるということです。

4 目標設定のステップ（4）：インフォームド・コオペレーションによる目標の決定

これは目標指向的アプローチにおける、インフォームド・コオペレーション（情報共有に立った協力関係）の要（かなめ）ともいうべき重要な段階です。これによって利用者・患者の自己決定権を専門家のチームの専門性で支えることができるのです。

（1）ステップ4－1：説明し、意見・質問する段階

専門家チームは、利用者・家族に対し、これまでのプロセスで明らかになった、生活機能の各レベルの現状（評価結果）、予後予測、目標の候補（複数）を十分に説明します。決して結論（目標の候補）だけを述べるのではなく、その結論に至る過程、つまり根拠や考え方をすべて説明することが重要です。

それに対し、利用者・家族は納得のいくまで質問をし、かつ意見をいうことが大事です。専門家側が質問を歓迎し、積極的にそれを引き出すことが大事です。

（2）ステップ4－2：複数の目標の候補の中から利用者・家族が一つを選択

次に利用者が熟慮し、家族や関係者の意見も聞きながら、最終的な決定を下して、複数の目標の候補の中から一つを選びます。この目標の候補（複数）は元々「参加」の目標と「する活動」（複数）とのセ

ットですから、このような選択による目標の決定が、先に述べた「参加の目標と活動の目標（する活動）とは同時に決定される」ということの真の意味です。

これに続いて、活動の目標達成に必要な心身機能レベルの目標を、必要があれば決定します。

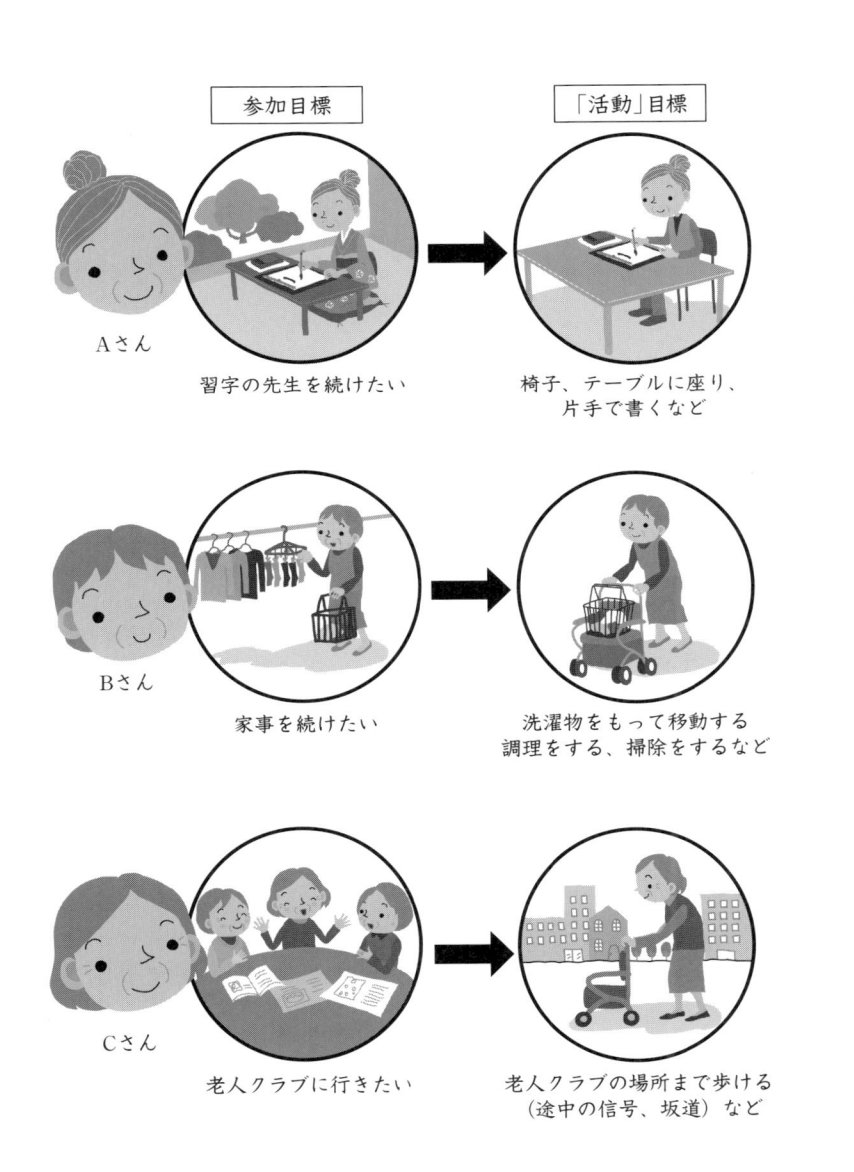

	参加目標	「活動」目標
Aさん	習字の先生を続けたい	椅子、テーブルに座り、片手で書くなど
Bさん	家事を続けたい	洗濯物をもって移動する 調理をする、掃除をするなど
Cさん	老人クラブに行きたい	老人クラブの場所まで歩ける（途中の信号、坂道）など

5 目標の再確認

以上述べてきたような目標決定のステップは一度行えばよいのではなく、常に「この目標が最良なのか、よりよい目標はないか」の再確認を日頃の介護の中で行っていきます。たとえば、新たな社会的条件が明らかになったり、また患者や家族が改善を実感することで価値観が変われば、新たな希望が出てきたりするなど、「参加」の目標が発展的に変わっていくこともあり得ます。

5 「共通言語」に立った自己決定権の尊重

1 自己決定能力の向上

目標である「新しく創っていくよりよい人生」の具体像は一人ひとりで大きく異なるものですし、それはほかならぬその人の人生です。したがって、それは最終的にその人が決定すべきものです。

しかし、これは専門家の責任を軽減・免除するものではありません。むしろ専門家の責任はますます重くなり、本人の自己決定権を専門家の専門性で支え、最良の援助ができるよう絶えざる質の向上を図るという大きな責任をもつことになります。

「目標指向的介護」では、専門家が目標やプログラムについて多くの選択肢を提示して、そのメリット・デメリットをよく説明し、それを利用者本人・家族がよく理解した上でその中から一つを選び、協力してそれを実現していくという、「インフォームド・コオペレーション」のプロセスをとります。このプロセスの過程で利用者・家族は受身でなく主体的に考え、積極的に決定プロセスに関与することを要請されます。これは自分の「生きることの全体像」を掘り下げて考え、それをどうしていくかについて現実的な選択の機会を与えられることです。そして、本人・家族が自分自身の生活機能の状態を整理し、理解し、このプロセスを専門家との共同作業として進めていく力が身につくのです。

このような経験を通じて自己決定能力・自己問題解決能力（技術面・心理面のコーピング・スキルズ）が高まり、また、よりよい主観的「体験」（自信を強める、など）の実現にも役立ちます。

介護方法の選択にもこのプロセスを意識して取り入れることが大事です。

2 デザイア・デマンド・プロブレム

自己決定権の尊重とは、必ずしも利用者・患者が口に出した要望、すなわち「こうしてほしい」「ああしてほしい」というデマンド（表出された要望）にそのまま従うということではありません。その人の真のニーズ（客観的に「必要」としていること）を実現するということなのです。では、そのニーズとはどうすれば把握できるものなのでしょうか。

「ニーズ」という言葉はよく使われていますが、正しく理解されているとは限りません。ニーズとは「必要」ということであり、実は現在の必要だけでなく、将来を含めて利用者が本当に必要としている客観的なものをいいます。これは、本人自身でも常に正しく認識・把握できているとは限りません。ニーズを把握することは実はとても難しいことなのです。

図3に示したように、本人自身が「よりよい生活」を実現するために客観的に「必要」としていることがニーズです。それを本人が「こ

図3　介護職がとらえるべきニーズとは何か、ニーズと区別するもの、それをどうとらえるか

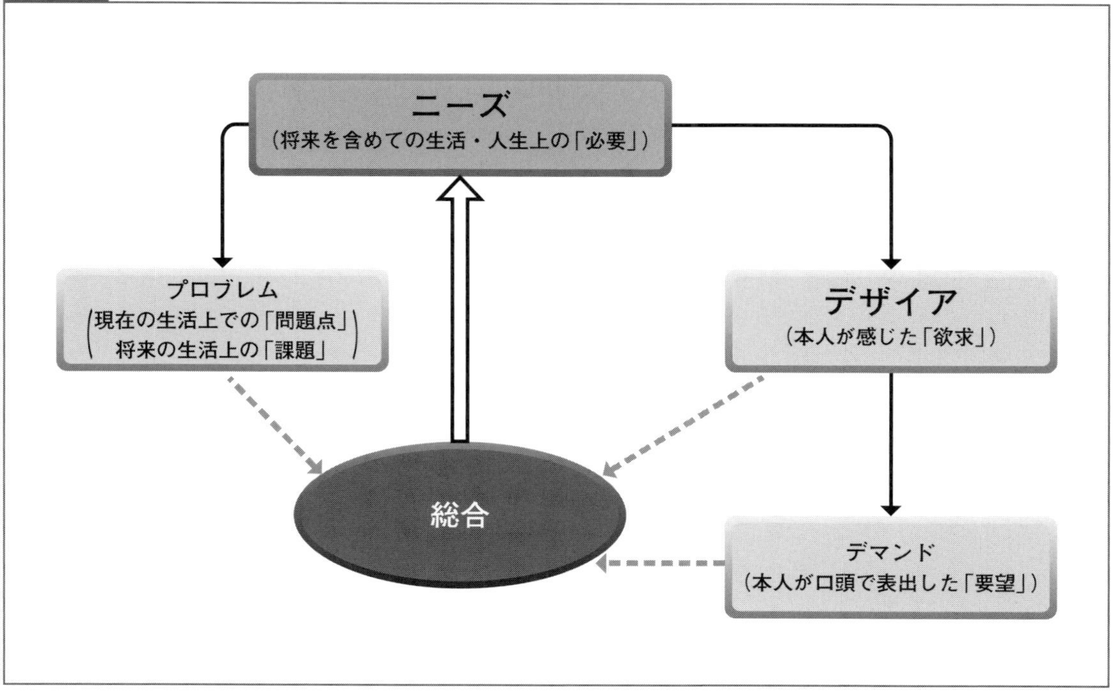

```
                    ニーズ
         （将来を含めての生活・人生上の「必要」）

    プロブレム                          デザイア
（現在の生活上での「問題点」）          （本人が感じた「欲求」）
 将来の生活上の「課題」

            総合
                                       デマンド
                              （本人が口頭で表出した「要望」）
```

うしたい」という形で感じたもの（「デザイア」、欲求）は、本当のニーズからある程度ずれている場合が多いのです。

さらに、それを本人が口に出していう（「デマンド」、要望）場合には、またずれてくることが普通です。たとえば、「いってもどうせ無理だろう」と思えば、本当は「こうしたい」と思っていることでも口に出さない、などです。

ですから、「利用者本位」だと思って、利用者が「こうしてほしい」といわれること（デマンド）をそのまましてあげることが必ずしもその方の「ニーズ」の実現に役立つ介護だとは限らないのです。

ニーズを充たすためには、単に利用者の要望（デマンド）を聞けばよいのではなく、表現・表出されたデマンドを通じてその奥にある欲求（デザイア）を知り、さらにその奥に真のニーズを発見することが大事です。

3　利用者の真のニーズの把握の仕方

ここで大事なことは、図3で示したように、「デマンド：要望」も「デザイア：欲求」も「プロブレム：問題点」もそれぞれニーズと無関係ではなく、深い関係をもっているものだということです。ですから、これまで例に挙げてきたように本人の「デマンド」だけに応えるとか、逆に「プロブレム」だけを重視するのはよくないが、これらのものはすべて軽視すべきでなく、それらを通じて、その影にある真のニーズを探求していく必要があるのです。

その際、現状の「プロブレム」を常識的に一面的にとらえるのでなく、ICFの「生活機能モデル」に沿って、「生きることの全体像」としてとらえることが大事です。

さらに、目標の設定（4目標設定の4つのステップ）で述べたように、介護職あるいはチームはニーズ（あるいはそれに基づいた解決法）についての複数の選択肢を提示し、利用者・家族がその中から選択するという、インフォームド・コオペレーションの方法を行うことが大事です。これが真の利用者中心のニーズの把握といえます。

第8章

生活不活発病（廃用症候群）と生活機能低下の悪循環

1 原因は「生活の不活発さ」
2 生活不活発病とは
3 生活不活発病発生の3タイプ
4 生活機能低下の悪循環
5 生活不活発病予防・改善のポイント

　　生活不活発病は、日常の介護の中で予防し、改善するターゲットとして、常に意識する必要があります。
　　また、生活不活発病が引き起こす「生活機能低下の悪循環」は、生活機能の3つのレベルが相互に影響し合ってそれぞれ低下することの典型例です。

1 原因は「生活の不活発さ」

1 生活機能から生活不活発病を見る

　生活機能の3つのレベルは相互に関連し合っています。また、それらと「健康状態（疾病）」・「環境因子」・「個人因子」の3つの因子との間も相互に関連し合っています。なかでも「活動」の問題が「健康状態」や「心身機能」に問題を引き起こすという、普通考えることとは逆の影響[注1]もあります。この典型例が生活不活発病（廃用症候群）です。これは名前の示すとおり、「生活の不活発さ」（「活動」全体の総量の低下）から起こってくるものです。

　生活不活発病の予防・改善はわが国の介護における重大な課題であり、その予防・改善は介護のプログラムを組む上で常に考えておく必要があることです。「よくする介護」「目標指向的介護」では、この生活不活発病の予防・改善を明確なターゲットとして位置づけます。

注1 ▶第3章 2 相互依存性（2種類）2.「右から左へ」の影響参照

2 高齢者における重要性──「年だから仕方ない」？

　生活不活発病は誰にでも起こり得ますが、特に高齢者では起こりやすいものです。また、これはいろいろな病気の際に、「病気があるから無理をしてはいけない」などと活動を制限することによって起こってくることも多いものです。

　「年だから（仕方ない）」とか「病気だから（仕方がない）」などと思っていることが、実は生活不活発病そのものであったり、それが大きく影響していたりすることが少なくないのです。ということは、「仕方がない」のではなく、防げるし、改善できるものだということです。

3 予防・改善の対象としてとらえる

　介護における予防重視が強調されるようになりましたが、その重要なターゲットは、生活不活発病（廃用症候群）です。生活不活発病は予防・改善が可能です。しかしながら、これまで「廃用症候群」の名称だけは普及してきましたが、予防・改善の対象としては十分には認識されていたとはいえず、それへの対策も不十分でした。

　これまで、生活不活発病は特に介護関係では寝たきりの原因であり、

予防・改善は難しいものとの認識が強い傾向があるように思われます。

一方、一般医療面では脳卒中や骨折のような急激に運動機能の制限を生じる場合にそれに伴って発生するもの（のみ）との認識が強いようです。

しかし、生活不活発病はある特定の疾病や重度な運動障害とだけ関連するものではありません。原因が何であれ、「生活が不活発」であれば生じるのです。疾病とは全く関係なく、また小さな契機から始まっていくことも少なくないのです。そして、さまざまな生活や社会的な因子が関与し合って「悪循環」を形成して進行し、悪化していきます。

4 介護が必要な人全てで考える

介護が必要ということは、ADLを含め「活動」の制限があるということです。「活動」に制限があれば、生活が不活発になりがちです。ですから、ごく一部の人（例：活発に動く認知症の人）以外は、介護の必要な人のほとんど全てで生活不活発病が生じやすいと認識する必要があります。

また、何らかの生活機能の低下（どのレベルでも）があると「生活機能低下の悪循環」を生じやすいのです。介護の必要な人での「生活機能低下の悪循環」の予防・改善を必ず考える必要があるということです。

5 予防・改善の鍵は「生活全般の活発化」

生活不活発病や「生活機能低下の悪循環」は決して運命的なものではなく、その進行を止め、改善させることは可能です。この予防・改善の鍵は「生活全般の活発化」です。そして、それを支えるのは「している活動」の向上であり、介護の果たす役割は大きいのです。

　　　　　　　　　　●第2章7活動の「量」と「生活の活発さ」参照

2 生活不活発病とは

1 歴史的背景

生活不活発病とは生活が不活発なことによって生じる、全身の「心

身機能」の低下です。

　これは、アメリカにおける第2次世界大戦中の「早期離床・早期歩行（early ambulation）」の運動との関係が大きく、それとリハビリテーション医学との関連で「廃用症候群」の名で1960年代に提唱されました。

　また、長期間無重力状態で過ごす宇宙飛行士にも、類似した症状（骨萎縮、筋力低下、心肺機能低下、帰還後の起立性低血圧など）が起こることから、宇宙医学の重要なテーマとしても研究が進められています。

コラム⑳

廃用症候群から"生活不活発病"へ
―利用者にわかりやすく

　生活不活発病とは学術用語としては廃用症候群（disuse syncrome）です。しかし、「廃用」という表現は難しくて耳で聞いただけではわからず、また「廃」という字がわかると、「廃業」「廃棄物」「廃人」などの言葉を連想させて、当事者に不快感を与えます。また、「用を廃した」（全く行わなくなった）場合のみが問題であって、軽度あるいは中等度の使用低下ならば問題でないかのような誤解を招く危険もあります。

　そのため、本人・家族自身に「生活が不活発」という原因が明らかにわかる「生活不活発病」という用語を用いることが適切と思われます。現にそのような用法が公的な文書においてもしばしば見られるようになってきています。

　「生活不活発病」のことは利用者・患者自身に十分に理解してもらう必要があります。生活全体の活発化は本人自身の工夫が必要だからです。

　利用者や家族に生活不活発病について説明していく際、「生活不活発病」という言葉を使うのと「廃用症候群」とでは、理解のされ方や受け入れられ方に大きな差を経験なさることでしょう。

2 生活不活発病の諸症状

表1に生活不活発病の主な症状を示しました。これは生活機能の3つのレベルのうち、「心身機能」に属するものです。**4**（生活機能低下の悪循環）で述べるように、生活不活発病は、「活動」にも「参加」にも大きな影響が及ぶものです。ここで大事なのは、表1のⅠ「体の一部に起こるもの」のうち、特にわかりやすい関節拘縮や筋萎縮などは比較的知られていますが、Ⅱ「全身に影響するもの」やⅢ「精神や神経の働きに起こるもの」は比較的知られていないことです。

しかし、実際にはこれらⅡ、Ⅲに属するものも重要です。特にⅡの1の「心肺機能低下」はフィットネス、すなわち耐久力を中心とした総合的体力が低下することであり、生活不活発病の初期症状の一つである「疲れやすさ」もそれが主な原因です。

また、Ⅲの1〜3などのように周囲への関心や知的活動が低下したり、あるいは「うつ」傾向が起こることで、一見「認知症」のように見えることさえ起こるのです。

このような多様な症状が広くは知られていないため、生活不活発病が発生していても気づかれないでいることも多くあります。また、一部の症状にだけ注意が偏って、対応としても筋力増強や関節可動域訓練など特定の心身機能に限られがちとなって、生活不活発病全体には適切な手が打たれていない場合が多いのが問題です。

表1 生活不活発病（心身機能）

Ⅰ．体の一部に起こるもの	Ⅱ．全身に影響するもの	Ⅲ．精神や神経の働きに起こるもの
1．関節拘縮 2．廃用性筋萎縮・ 　　筋力低下・ 　　筋持久性低下 3．廃用性骨萎縮 4．皮膚萎縮（短縮） 5．褥瘡（床ずれ） 6．静脈血栓症 　→肺塞栓症 など	1．心肺機能低下 2．起立性低血圧 3．消化器機能低下 　a．食欲不振 　b．便秘 4．尿量の増加 　→血液量の減少 　　（脱水） など	1．うつ状態 2．知的活動低下 3．周囲への無関心 4．自律神経不安定 5．姿勢・運動 　　調節機能低下 など

3 | 「活動」レベルにまず現れる生活不活発病

生活不活発病を考える際に重要なのは、それが起こってきた場合の最初の兆候は、ふつう127頁の**表1**に示したような個別的な心身機能の低下として現れるのでなく、「活動」レベル、すなわち具体的な生活行為の困難として現れることです。

これは「活動」は多数の「心身機能」から成り立っているからです。一つひとつの心身機能の低下それ自体は、明らかな低下といえるほどではなくとも、それらをいわば「掛け合わせ」た相乗効果として、「活動」の低下が著明に現れやすいからです。

したがって、生活不活発病の早期発見にはこのような「活動」の低下（量的・質的な）に注目することが重要です。

➡第2章 **9** 2．「活動」は「心身機能」の総和参照

3　生活不活発病発生の3タイプ

「生活の不活発さ」の起こり方ときっかけ（契機）はさまざまです。が、大きく次の3つのタイプに分けることができます。

1 | 活動の量的減少

「活動」の「質」の低下はない、つまり種々の生活行為をしようと思えばできるのに、あまりしなくなってしまった状態です。「病気なら安静」という「通念」に従って不必要な安静をとりすぎることや、「年だから…」と考えて生活を「消極化」させることなどが原因になります。

2 | 活動の質的低下

脳卒中、骨折などの急激に運動を困難にする疾患、あるいは変形性骨関節症による膝や腰の痛み等によって、活動の質的低下等が直接引き起こされ、それによって生活全般が不活発になる場合です。

3 | 参加の制約

「一人暮らしになる」「退職」「転居」といったことが契機となって外出や社会生活への参加が激減し、生活全体が不活発化することです。

たとえば、高齢の主婦が子どもの家族と同居することで、主婦としての役割を失うことも契機となりやすいものです。また、地震や豪雪などの災害も、参加の制約を介して、同時多発的に生活不活発病を引き起こします。

4 生活機能低下の悪循環

　生活不活発病の大きな特徴は、いったん起こるとあたかも大きな雪の玉が坂を転げ落ちながらどんどん大きくなるように、「悪循環」を起こして進行していくことです。

　生活不活発病は、単に「心身機能」が低下するだけではありません。「心身機能」の低下が「活動」や「参加」にも大きく影響し、それらを低下させます。逆に「活動」や「参加」が低下すれば不活発な生活（「活動」の量・質の低下）となり、生活不活発病を起こし、「心身機能」を低下させます。

　ここで大事なことは、生活機能の3つのレベルの間には、このよう

> **コラム㉑**
>
> ### 「つくられた歩行不能」を防ぐ
>
> 　介護の中で「つくられた歩行不能」の予防は非常に重要な課題です。「つくられた歩行不能」とは、主として歩行がわずかに困難になった状態で安易に車いすを用いることによって「生活不活発病」を引き起こし、その結果、歩行不能状態をつくってしまうことです。
>
> 　高齢者においては、車いす生活では（たとえ車いす移動自立であっても）生活不活発病を防ぐことはできないことは種々の研究によってよく知られています。もちろん、歩行の回復は不可能で、車いすを必要とする状態があることはいうまでもなく、それを否定するものでは全くありません。
>
> 　しかし現状では、適切な「活動」向上支援が行われさえすれば、歩行自立の可能性が十分にあるにもかかわらず、安易に車いす生活とされ、その結果、歩行不能となっている事例が我々の調査でも非常に多いのです。

に「左から右への悪影響だけでなく（普通あまり考えられていない）「右から左へ」の悪影響があり、この2つがあいまって「生活機能低下の悪循環」が起こり、生活機能低下がますます進行していくことです。　　●第3章■2．「右から左への影響」：今後の大きな課題参照

　これは図1のように、横中央に並ぶ「心身機能」、「活動」、「参加」の3つのレベルが相互に悪影響を与えながら関連し合って進行していくことです。

　3つのレベルには、上に示す2つの矢印、すなわち右側の「参加」から「活動」、「活動」から「心身機能」への影響があります。また、下に示す2つの矢印、すなわち、左側の「心身機能」から「活動」、また「活動」から「参加」への影響もあります。この上と下に示す両方向の影響があって、どちらの方向から始まっても逆の方向にも影響が及ぶことにもなり、それによって悪循環をつくっていきます。

　「生活機能低下の悪循環」は、次のようにして起こってきます。

ステップ1：生活不活発病の出発点は生活の不活発さ
　　　　　　（「活動」⇒「心身機能」）

　生活不活発病発生の出発点は中央の「不活発な生活」（活動制限）です。これは、活動の「質」の低下もしくは「量」の減少した（あるいは両方とも起こった）状態です。

　そして、この活動制限が「生活不活発病」を起こします。

図1　生活不活発病と生活機能低下の悪循環

ここから生活不活発病が始まる

- 生活不活発病（心身機能）
- 不活発な生活／活動制限（質的↓×量的↓）（活動）
- 参加制約（参加）

上下の悪循環があいまってますます進行

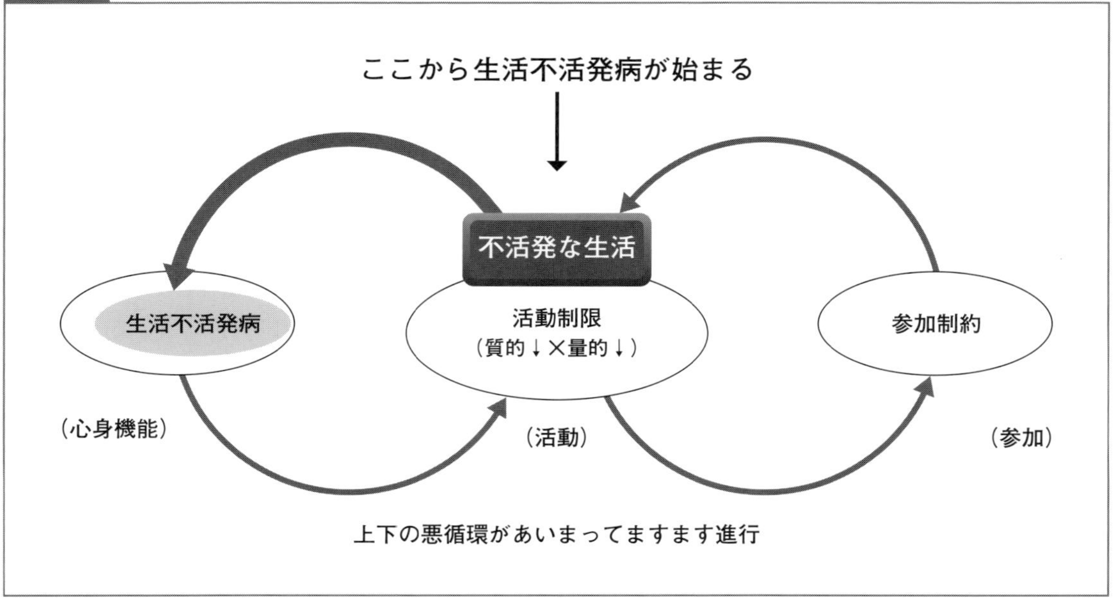

ステップ2:「心身機能」から「活動」への悪循環

生活不活発病は、**表1**（127頁）に示したようにさまざまな「心身機能」の低下です。これによって、「活動」の質的低下と量的低下が生じ、「不活発な生活」を加速させることになります。それによって、「心身機能」低下が一層進行します。

ステップ3:「活動」から「参加」への悪循環

「活動制限」によって「参加制約」も生じます（すでにある場合には悪化させます）。そうして生じた「参加制約」により、生活は一層不活発になり（活動制限）、それによって「心身機能」はさらに低下します。

このようにして、左の輪の示す悪循環（ステップ2）と、右の輪の示す「活動」と「参加」との間の悪循環（ステップ3）という2つの悪循環が互いに促進しながら悪化していきます。

5　生活不活発病予防・改善のポイント

1　生活不活発病発生原因の診断

生活不活発病が生じている場合、廃用性筋力低下に着目して「筋力

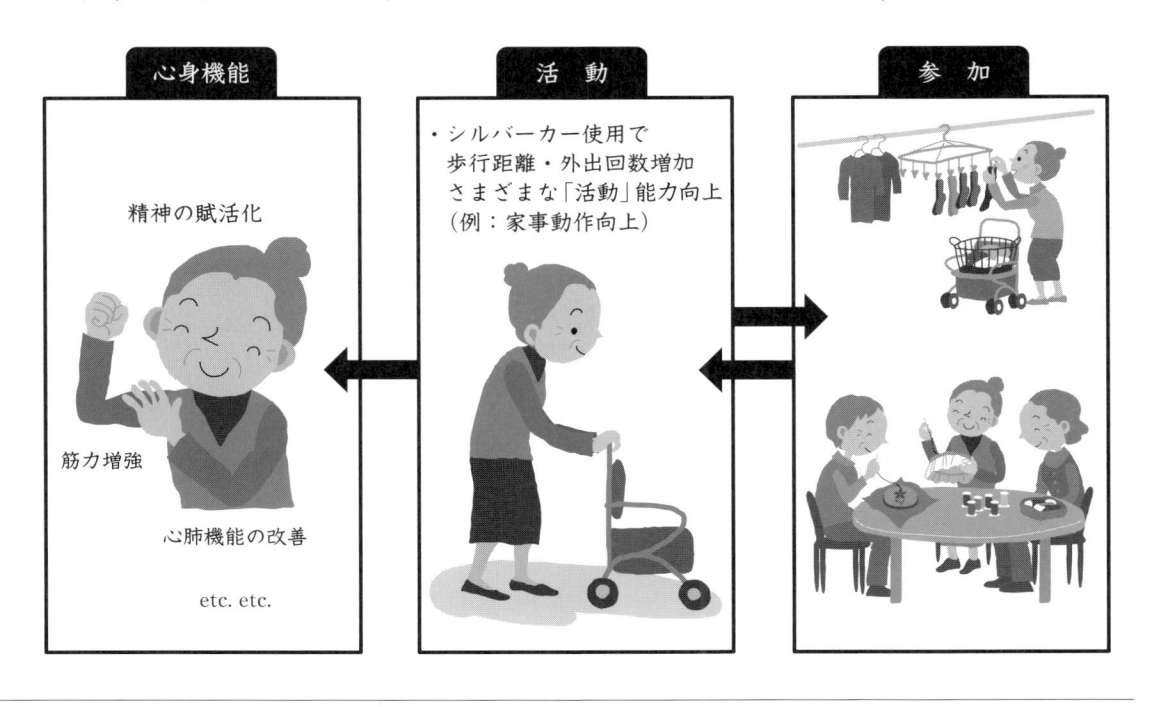

心身機能	活動	参加
精神の賦活化 筋力増強 心肺機能の改善 etc. etc.	・シルバーカー使用で 　歩行距離・外出回数増加 　さまざまな「活動」能力向上 　（例：家事動作向上）	

の低下が原因なのだから筋力トレーニングを」などということがよくいわれます。しかし、筋力低下それ自体が原因なのではなく、「生活不活発病」全体と「生活機能低下の悪循環」が問題なのであり、筋力低下は「悪循環」の一部をなす「心身機能」低下の、またその一部の症状に過ぎないのです。ですから、"筋力低下があるから筋力トレーニング"、といった働きかけでは本質的な解決にはならないのです。

　生活不活発病と「生活機能低下の悪循環」の克服のためには、一人ひとりについて、どのような契機で「生活が不活発」になったのかをまず把握することが重要です。それには**3**（生活不活発病発生の3タイプ）で示した生活不活発病の3つの契機（「活動」の質的低下、「活動」の量的低下、「参加」の制約）を見分けることが役立ちます。

　そして、それを解決するための個別的な「生活全般を活発化」させる手がかりを見つけ、それに働きかけることが必要です。

2 予防・改善の鍵は「生活の活発化」

　生活不活発病や「生活機能低下の悪循環」の予防・改善の鍵は「生活全般の活発化」です。具体的には下記の4つがポイントです。
①安静（休憩）をとりすぎないこと。特に日中は横にならないこと。
②個々の「活動」が、生活不活発病克服のために効果的な方法で実施されていること［質的な側面］（例：移動には車いす駆動より歩行が生活不活発病の予防・改善にとって効果的）。
③「活動」を1日の生活の中で頻回に実施していること［量的な側面］。
④社会活動範囲（参加）の拡大：このためには「活動」のレパートリーの拡大と「限定的自立」にとどまることなく「普遍的自立」へと向上させることが重要。

3 「生活全般の活発化」は「している活動」の向上から

　「生活全般の活発化」は、単に「できるだけ動くように」と指導するだけで実現できるものではありません。「不活発な生活」は「活動」低下そのものなのですから、それを具体的に取り除くことなしには「生活全般の活発化」を実現することはできません。その意味で2．（予防・改善の鍵は「生活の活発化」）で述べた①〜④を支えるのは「している活動」の質的・量的向上です。

　ですから、「なるべく歩きなさい」「なるべく自分でしなさい」とさ

え指導すればよいというものではありません。こういう「活動」の「量」だけについての、しかも漠然とした指導だけでは効果的ではありません。もっと詳しく、一つひとつの「活動」の項目に焦点をあてた具体的な指導が大事なのです。すなわち、このような観点からの"「している活動」への働きかけ"である介護が重要なのです。

そもそも何らかの理由があって「動きにくい」から「動かない」のですから、その「動きにくい」活動項目が容易にできるように「質」的に向上させる方向で具体的に指導・介護することが必要です。

この場合、必ずしも廃用症候（機能障害）の回復・機能向上がなくても、直接「活動」のレベルに働きかけることによって「している活動」を向上させる手段が豊富に存在していることの認識が重要です。

コラム㉒

介護予防としての「よくする介護」
―「水際作戦」の技術としても

介護予防（要介護状態の発生及び進行予防・改善）というと、筋力トレーニングや転倒予防教室など、人を集めて、生活機能のうちの「心身機能」、しかもその一部を中心に特別の事業として実施するものと考えられがちです。しかし、実は介護技術自体が大変大きな意味をもっていることがもっと注目されるべきです。

その基本は「よくする介護」です。そして、そのよくする介護を水際作戦としても実施することも大事です。

すなわち、居宅や施設等の実生活の場で、そこでの生活行為（「活動」）が低下してきたときにそれをいち早くとらえ（早期発見）、それを自分でできるように指導・介護し、「活動」を向上（すなわち、要介護状態の改善）できます。そして、それによって生活全体を活発化させ、要介護状態の発生・進行の原因となる生活不活発病を改善することができます。

このような「活動」中心の「水際作戦」（生活機能低下の早期発見、早期対応）が、高い機動性をもって行える介護が重要なのです。

コラム㉓
「脳卒中モデル」と「廃用症候群モデル」

　生活機能低下には、「脳卒中モデル」と「廃用症候群モデル」の2種類あります（**図2**）。

　「脳卒中モデル」とは、脳卒中や骨折のように、運動機能障害自体によって急激に生活機能（特に「活動」）が低下し、その後徐々に回復するような場合であり、従来はこれだけが改善できる対象と考えられがちでした。

　「廃用症候群モデル」とは、廃用症候群（生活不活発病）そのものや、運動器疾患、内科疾患などの慢性疾患に生活不活発病が合併したことによって、徐々に生活機能全体が低下していくものです。

　なお、「脳卒中モデル」においても、脳卒中等の急性発症性の疾患の発症前、また発症後いったん改善した後に廃用症候群モデルに属する生活機能低下が生じます（図2Aの点線で囲った部分）。これは、「脳卒中モデル」においても、常に「廃用症候群モデル」のプログラムの必要性を考慮する必要があることを意味しています。

　この「廃用症候群モデル」に対しても、改善できる対象として位置づけて働きかけることが大事なのです。まさに"よくする介護"が求められているのです。

図2　生活機能低下の2つのモデル

A. 脳卒中モデル

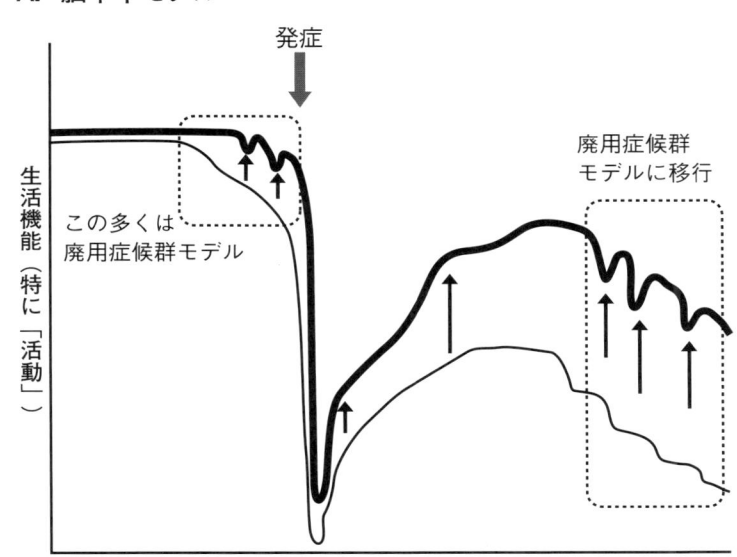

発症

生活機能（特に「活動」）

この多くは廃用症候群モデル

廃用症候群モデルに移行

B. 廃用症候群モデル

生活機能（特に「活動」）

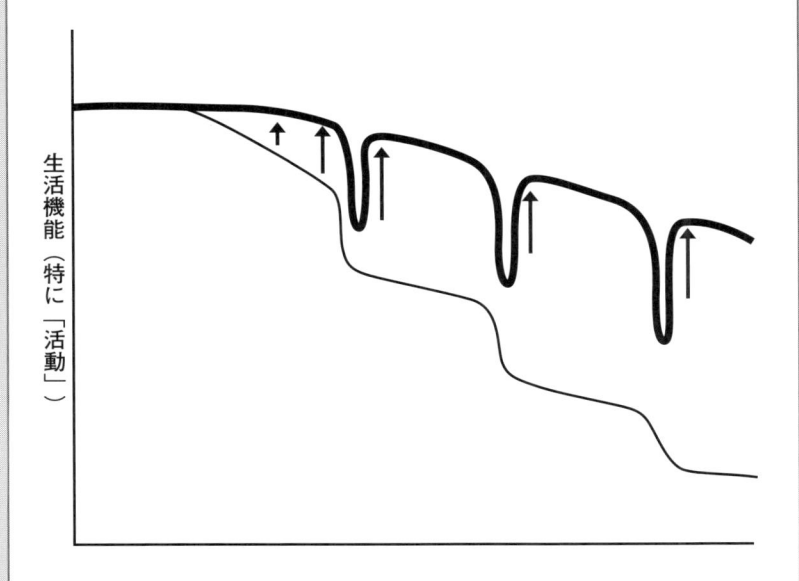

図の矢印（↑）は、今後の介護（「よくする介護」）等の発展によって、生活機能の経過（現状：細線）を大きく向上できること（太線）を示す

●著者紹介

大川 弥生（おおかわ　やよい）
国立長寿医療センター研究所生活機能賦活研究部部長。
1982年、久留米大学医学部大学院修了後、東京大学医学部附属病院リハビリテーション部医員（のち助手）。1992年、帝京大学医学部リハビリテーション科講師（のち助教授）。1997年、国立長寿医療研究センター老人ケア研究部部長に就任（2004年より組織がえにより現名称に改称）。

●さらに詳しく知りたい方に

- 大川弥生：生活機能とは何か；ICF：国際生活機能分類の理解と活用、東京大学出版会、2007
  本書では述べていないICFのコーディングを含めて述べています。
- 大川弥生：新しいリハビリテーション―人間「復権」への挑戦―、講談社現代新書、講談社、2004
  事例に沿って、特に「活動」（「している活動」と「できる活動」）・「参加」のとらえ方をわかりやすく述べています。
- 大川弥生：目標指向的介護の理論と実際、中央法規出版、2000
  具体的に介護をどう進めるかを、具体例を提示して述べています。
- 上田敏、鶴見和子、大川弥生：
  回生を生きる―本当のリハビリテーションに出会って（増補版）―、三輪書店、2007
  患者さん自身との鼎談なので読みやすい本です。いかに希望を引き出し、目標を立てていくのかというインフォームド・コオペレーションの具体例です。
- 大川弥生：
  介護保険サービスとリハビリテーション―ICFに立った自立支援の理念と技法―、中央法規出版、2004

「よくする介護」を実践するためのICFの理解と活用
―目標指向的介護に立って

2009年7月27日　発行
2022年1月10日　第12刷発行

著　者	大川　弥生
発行者	荘村　明彦
発行所	中央法規出版株式会社
	〒110-0016　東京都台東区台東3-29-1　中央法規ビル
	TEL 03-6387-3196
	https://www.chuohoki.co.jp/
本文デザイン・本文組	KIS
印刷・製本	新日本印刷株式会社

©Yayoi Ookawa 2009 Printed in Japan

ISBN978-4-8058-3206-6

本書のコピー、スキャン、デジタル化等の無断複製は、著作権法上での例外を除き禁じられています。また、本書を代行業者等の第三者に依頼してコピー、スキャン、デジタル化することは、たとえ個人や家庭内での利用であっても著作権法違反です。
落丁本・乱丁本はお取り替えいたします。

本書の内容に関するご質問については、下記URLから「お問い合わせフォーム」にご入力いただきますようお願いいたします。
https://www.chuohoki.co.jp/contact/